Flecken

Natürlich waschen

kein Problem

pflegen und reinigen

Ute Frangenberg

Flecken
Natürlich waschen
kein Problem
pflegen und reinigen

Die besten Tricks und Kniffe

FLECKEN

Oh Schreck, ein Fleck

Ist es Ihnen auch schon aufgefallen: Flecken tauchen immer in dem Moment auf, in dem man sie am allerwenigsten gebrauchen kann – vor dem Vorstellungsgespräch, kurz vor einem Rendezvous oder vor dem Ausgehen. Wenn Sie das Haus nicht verlassen müssen, schütten Sie sich bestimmt weder Kaffee über die Bluse noch haben Sie einen unerklärlichen Fettfleck auf dem T-Shirt.

CHEMIE – NEIN DANKE!

Sitzt der Fleck an der »richtigen« Stelle, kann er jedes Kleidungsstück ruinieren – sei es das kostbare Abendkleid aus feiner Seide, die neue schicke Bluse, den teuren Wollpulli oder das alte, aber bequeme Lieblings-T-Shirt. Hat sich ein Fleck erst einmal auf Ihrem liebsten Stück breit gemacht, sollten Sie dennoch nicht verzweifeln. Und auf gar keinen Fall sollten Sie das Fleckenmittel »Scherolin« des Münchner Komikers Karl Valentin anwenden – der den Fleck einfach herausschnitt. Mit etwas Fingerspitzengefühl und dem richtigen Fleckenentferner gibt es kaum einen Fleck, der Ihnen widerstehen wird. Fleck ist nicht gleich Fleck. Das hat auch die Industrie erkannt und für jeden Fleck – egal ob Gras, Kaffee oder Kaugummi – ein Fleckenmittel auf den Markt gebracht. Aber ist es wirklich nötig, gleich mit Kanonen auf Spatzen zu

schießen, also Flecken sofort mit den härtesten chemischen Mitteln zu attackieren? Lohnt es sich tatsächlich, eine Vielzahl von Fläschchen und Tübchen aufzubewahren, nur um für alle Eventualitäten gerüstet zu sein? Schließlich ist das oberste Gebot der Fleckenentfernung das sofortige Behandeln des Gewebes. Und dazu müssen Sie stets alle Spezialmittel griffbereit haben. Solch eine Ausrüstung kann aber nicht nur teuer werden. So manches chemische Fleckenwasser schadet schließlich auch der Umwelt und unserer eigenen Gesundheit. Vor allem Allergiker sollten besser auf sanfte Hausmittel zurückgreifen, um keine Hautreaktionen zu riskieren.

Auch in Haushalten mit Kleinkindern ist es nicht ratsam, Fleckenwasser in Gebrauch zu haben. Wie schnell hat ein Kind sich der Flasche bemächtigt – und was dann alles passieren kann, möchte sich wohl niemand ausmalen.

Wichtig!

Ehe Sie mit der Fleckenentfernung beginnen, sollten Sie kritisch überprüfen, ob sich die Mühe wirklich noch lohnt. Oft kann ein Fleck auch den letzten Anstoß geben, sich von einem alten Stück zu trennen.

KEIN FLECK IST WIE DER ANDERE

Möchten Sie einen Fleck erfolgreich beseitigen, müssen Sie erst einmal feststellen, wodurch er überhaupt verursacht wurde. Schließlich muss man eiweißhaltige Flecken ganz anders behandeln als Farbflecken. Letztere wiederum verlangen jedoch nach anderen Maßnahmen als beispielsweise Fett- oder Obstflecken. Das Hauptproblem fast aller Flecken ist jedoch dennoch ein und dasselbe: Sie werden nicht durch eine einzige Substanz, sondern durch eine Mischung unterschiedlicher Stoffe verursacht. So besteht Bratensauce in der Regel aus Fett und Stärke, eventuell wurde auch noch Alkohol und Eiweiß verwendet. Das Frühstücksbrot auf dem Teppich hinterlässt dort nicht nur Marmelade, sondern auch Butter.

Die Mischung macht's und diese Mixtur muss bei der Entfernung des Flecks berücksichtigt werden, um das richtige Gegenmittel zu finden. Am besten ist es übrigens, wenn Sie die Behandlungsmethode wählen, mit der sich die am schwersten zu entfernende Substanz lösen lässt.

Kinderkleidung muss besonders viel aushalten. Achten Sie deshalb schon beim Kauf darauf, dass sich die Sachen in der Maschine waschen lassen und auch sonst pflegeleicht sind.

Woher stammt der Fleck?

Meistens werden Sie wissen, wie und wodurch ein Fleck entstanden ist – vor allem dann, wenn er auf Ihren eigenen Kleidungsstücken »prangt«. Etwas schwieriger ist dagegen die Fleckenerkennung auf den Stoffen Ihrer Familie. In so einem Fall ist der Detektiv in Ihnen gefragt:

Gelbe Flecken	z.B. Obst, Schreib- und Malfarben, Urin, Parfüm, alkoholische Getränke (wie Sekt, Weißwein, Bier, Weinbrand)
Rote Flecken	z.B. Obst, Gemüse, frisches Blut, Schreib- und Malfarben, Nagellack, alkoholische Getränke (wie Rotwein, Campari)
Grüne Flecken	z.B. Gras, Schreib- und Malfarben, Likör, Gemüse
Blaue Flecken	z.B. Kugelschreiber, Malfarben, Tinte, Heidelbeeren, Holundersaft
Braune Flecken	z.B. Rost, Kakao, Sauce, Kaffee, Schokolade, Make-up, eingetrocknetes Blut, Schreib- und Malfarben, Hundedreck, Lehm
Graue Flecken	z. B. Schreib- und Malfarben, Staub, Teer, Bleistift, Schuhcreme.

Waschmaschine Nicht nur Ihre Wäsche, auch die Waschmaschine braucht eine regelmäßige Reinigung. Füllen Sie statt des Waschmittels Essig in die Pulverkammer und lassen Sie ein volles Waschprogramm durchlaufen. Die Maschine bleibt dabei natürlich leer.

Damit der Fleck wieder spurlos verschwindet, muss er sofort behandelt werden. Erste-Hilfe-Mittel sind in jedem Haushalt zu finden: Salz, Essig, Mineralwasser, Seife, Waschmittel oder Spiritus leisten bei der ersten Notbehandlung beste Dienste.

DIE KUNST DER FLECKENENTFERNUNG

Flecken sind ein alltägliches Ärgernis, seit es Kleider gibt. Und die Kunst ihrer Entfernung hat eine ebenso lange Geschichte wie die Flecken selbst. Probleme der besonderen Art bereitete unseren Vorfahren vor allem die Beseitigung von Fettflecken. Weil die Entfernung dieser hartnäckigen Flecken so schwierig war, entwickelte sich sogar ein neuer Beruf: der des Dégraisseurs (»Entfetter«). Der Dégraisseur, zu deutsch auch Fleckputzer genannt, beschäftigte sich ausschließlich mit der Entfernung widerstandsfähiger Flecken. Die Fleckenfachleute zogen über Land und halfen den Leuten vor Ort auf Dorfplätzen und Straßen.

Die findigen Fleckentferner merkten bald, dass sich nicht nur mit Fettflecken Geld verdienen ließ. Man nannte sich nun Détacheur (»Entflecker«), entfernte Flecken aller Art und übernahm die Reinigung empfindlicher Stoffe und Gewänder. Auch heute noch nennt man einen Fachmann für Flecken Détacheur. Leider gibt es viel zu wenige dieser gelernten Fleckenspezialisten. Wer jedoch in die missliche Lage kommt, einen Flecken nicht selbst entfernen zu können, und das gute Stück in die Reinigung geben muss, sollte nachfragen, ob dort ein Détacheur arbeitet. Denn der Fachmann arbeitet nur in den seltensten Fällen mit harten chemischen Mitteln. Sein Arbeitswerkzeug ist ein Spezialtisch (der Détacheur-Tisch), auf dem er die Flecken mit Dampf, einer speziellen Absaugungsvorrichtung und Pressluft schonend entfernt.

EIN FLECKENLOSES HAUS

Natürlich machen uns nicht nur die Flecken auf unseren Kleidern das Leben schwer. Auch im Haushalt scheint der Kampf gegen Staub und Schmutz niemals zu enden. Kaum hat man alles gereinigt, zeigen sich bereits wieder erste Schmutzspuren oder tröpfelt man den wohlverdienten Kaffee auf den Teppich. Vielleicht sollten wir uns einfach damit abfinden, dass der perfekt geputzte, klinisch reine Haushalt eine Illusion der Werbeleute ist.

Mit diesem Wissen lässt sich dann entspannt wieder ans Werk gehen. Dieses Buch soll Ihnen zeigen, dass ein sauberes Haus, eine gepflegte Wohnung auch dann möglich ist, wenn man keinen Wirtschaftsraum hat oder wenigstens einen Schrank für all die vielen Haushaltsreiniger freiräumen mag, die man angeblich zum Putzen braucht.

Natürlich soll das nicht heißen, dass wir uns wie unsere Groß- und Urgroßmütter mit den einfachsten Hilfsmitteln abmühen sollen. Aber auch heute haben viele altbewährte

Wichtig!

Flecken in Kleidungsstücken, die man nicht in der Maschine waschen kann, nicht behandeln. Das Stück stattdessen so bald wie möglich in die Reinigung geben.

Hausmittel nichts an ihrer Wirkung verloren und bieten eine umweltschonende und preiswerte Alternative zum schier unüberschaubaren Angebot der großen Drogerie- und Supermärkte.

Wer seine eigenen vier Wände sauber und rein halten will, muss also weder einen riesigen Vorrat an Putzmitteln besitzen, noch den ganzen Tag mit dem Schrubber in der Hand verbringen. Sind die richtigen Mittel im Haus, kann man sofort so ziemlich jedem Fleck und jeder Verschmutzung an den Kragen gehen. Viele großartige Reinigungsmittel lassen sich sogar selbst herstellen. Sie werden je nach Bedarf schnell angerührt und gefährden weder Ihre eigene Gesundheit noch die Ihrer Familie – im Gegensatz zu vielen handelsüblichen Haushaltsreinigern. Sie werden schnell sehen: Mit den richtigen Tricks strahlt Ihr Zuhause auch ohne Chemie.

ALTBEWÄHRTE TRICKS

Dieses Buch verrät sanfte Alternativen für die Fleckenentfernung, deren »Zutaten« in jedem Haushalt zu finden sind. Einige der Rezepte kannten schon unsere Urgroßmütter. Mögen ihre Tricks und Kniffe auch schon älter sein, von gestern sind sie deswegen keinesfalls. Dieser praktische Ratgeber soll Ihnen jedoch nicht nur bei der sanf-

ten Fleckenentfernung mit Rat und Tat zur Seite stehen. Sie erfahren auch alles darüber, wie Sie Ihre Kleidung und Wäsche ohne großen Aufwand schonend in Form halten, so dass Sie lange Freude daran haben. Egal, ob der Pulli fusselt, die Schuhe abfärben oder das neue T-Shirt in der Maschine an Farbe eingebüßt hat – all diese kleinen Malheurs und Übel lassen sich ganz schnell und meist auf Dauer wieder rückgängig machen.

Natürlich ist »Omas Schatzkästchen« damit noch lange nicht erschöpft. Es bietet der Hausfrau von heute und dem modernen Hausmann vielmehr eine schier unermessliche Fülle an Vorschlägen, wie wir unsere Möbel auf umweltgerechte Art pflegen und reinigen können oder wie unsere Fenster ganz schnell wieder im wahrsten Sinne des Wortes glasklar werden, so dass uns selbst eine so ungeliebte Arbeit wie das Fensterputzen Freude bereiten kann. Wenn dann die Küche so richtig schön ordentlich ist und das Bad blitzt und blinkt, kann man ganz entspannt und zufrieden in die Freizeit starten, um sich den zahlreichen eigenen Interessen oder der lieben Familie zu widmen. Denn wenn wir einmal ehrlich zu uns sind: Eigentlich haben wir wohl alle etwas besseres verdient, als uns den ganzen Tag mit Staubsauger, Wischmopp und Co. abzukämpfen.

In diesem Sinne: Viel Spaß!

Die handelsüblichen Fleckenentferner enthalten meist Löse- und Bleichmittel, die nicht nur die Umwelt belasten, sondern auch die Kleidungsstücke beschädigen können.

Sehhilfe

Damit man nach der Wäsche auf den ersten Blick sieht, ob ein Fleck ganz verschwunden ist, markiert man die Stelle vor dem Waschen mit weißem Nähgarn.

Flecken auf Textilien

Für die erfolgreiche Entfernung von Flecken ist es nicht nur wichtig zu wissen, wodurch sie verursacht wurden, sondern auch, auf welchem Stoff sie sitzen. Denn Flecken verhalten sich von Stoff zu Stoff anders und jede Gewebeart benötigt eine andere Fleckenbehandlung. Deshalb ist es nicht nur wichtig zu wissen, woher ein Fleck stammt, sondern auch die Eigenschaften der Fasern zu kennen. Nur so kann verhindert werden, dass bei der Fleckenbeseitigung noch größerer Schaden entsteht.

NATUR ODER CHEMIE?

Es gibt zwei Arten von Textilfasern: Naturfasern und Chemiefasern. Naturfasern werden – wie es der Name schon sagt – aus Pflanzen oder von Tieren gewonnen. Chemiefasern werden dagegen auf chemisch-technischem Weg hergestellt. Zu den Naturfasern gehören beispielsweise Baumwolle, Wolle, Leinen und Seide.

Bei Chemiefasern unterscheidet man zwischen Fasern auf natürlicher Basis und synthetischen Fasern. Fasern auf natürlicher Basis sind zum Beispiel Viskose, Modal, Cupro und Acetat. Bei ihrer Herstellung werden Zellulosefasern durch verschiedene Chemikalien verflüssigt und zu langen Fäden gezogen. Zu den synthetischen Fasern zählen beispielsweise Elasthan, Polychlorid, Polyester, Polyamid und Polypropylen. Die Ausgangsstoffe dieser Fasern sind Erdöl, Erdgas und Kohle. Aus ihnen werden einzelne Sub-

stanzen gewonnen, die in anderem Verhältnis wieder miteinander verbunden werden. Die flüssigen Stoffe werden dann zu Fäden gezogen. Synthetische Fasern sind sehr strapazierfähig, so dass aus ihnen gefertigte Kleidungsstücke lange halten. Außerdem knittern Stoffe aus synthetischen Fasern kaum. Ein Nachteil: Schweiß können synthetische Fasern nicht aufnehmen.

FASER-ABC

✳ Abaca
Diese extrem reißfeste und gut zu färbende Faser wird aus der Faserbanane (Musa textilis) gewonnen. Man verwendet sie für Seile, Teppiche und Matten.

✳ Azetat
Bei der Herstellung von Azetat wird Zellulose durch Essigsäure verändert. Azetat nimmt nur wenig Feuchtigkeit auf, ist elastisch und knittert kaum. Es ist jedoch sehr hitzeempfindlich.

Wichtig!
Baumwollstoffe beim Waschen oder bei der Fleckentfernung niemals stark reiben. Dadurch kann der Stoff aufgeraut werden oder können sich die Fäden verschieben. Die Folge: Der Fleck ist zwar weg, doch die behandelte Stelle hat an Schönheit stark eingebüßt.

✳ Baumwolle

Als Baumwolle bezeichnet man die bis zu fünf Zentimeter langen weichen Samenfäden der Baumwollpflanzengattung Gossypium. Die Pflanze gehört zu der Familie der Malvengewächse und gedeiht in tropischen und subtropischen Klimazonen. Mengenmäßig ist Baumwolle weltweit immer noch der wichtigste und billigste Textilrohstoff. Man verwendet sie vorwiegend für Wäsche, Kleidungsstücke und Dekorationsstoffe. Die Faserreste der Baumwollsamen werden unter anderem als Polstermaterial und für die Papierherstellung verwendet.

Sofern sie nicht mit chemischen Zusätzen behandelt wurde, ist Baumwolle sehr strapazierfähig, überaus hautfreundlich und reißfest. Sie hat jedoch den Nachteil, dass sie stark knittert und beim Waschen einläuft. Sie ist extrem pflegeleicht; Flecken lassen sich gut entfernen.

✳ Chiffon

Chiffon ist ein sehr zartes, schleierartiges Gewebe aus Naturseide, Baumwolle und/oder Chemiefäden. Man fertigt daraus beispielsweise Schals, Tücher und Blusen.

✳ Cord

Cord ist ein längs geripptes Gewebe. Das Grundgewebe ist meistens Baumwolle. Cord wird vorwiegend zu Hosen, Jacken und Hemden, aber auch zu Heimtextilien und Polsterbezügen verarbeitet. Die Faser ist relativ strapazierfähig, hält jedoch starker Reibung auf Dauer nicht Stand, da sich der samtartige Flor schnell abnutzt.

Kleidung soll heute nicht nur modisch, sondern auch pflegeleicht, knitter- und bügelfrei sein und ihre Größe auch nach mehrmaligem Waschen behalten. Die Fasern vieler Baumwolltextilien werden daher so stark verändert, dass auch ein T-Shirt aus »Reiner Baumwolle« nur zu 85 Prozent aus dieser Faser besteht – der Rest ist Chemie.

Textilveredelung bei Baumwollstoffen

Entschlichten
Der natürliche Überzug, der die Fäden vor dem Zerreißen schützt, wird entfernt.

Bleichen
Die natürlichen Farbstoffe der Baumwolle werden durch Chlorbleiche entfernt.

Optisch aufhellen
Die Baumwolle wird weiß gefärbt – damit sie weißer als weiß ist.

Mercerisieren
Die Baumwolle wird reißfester und bekommt einen seidenartigen Glanz.

Färben und Drucken
Der Baumwollstoff erhält eine modische Farbe und eventuell ein Muster.

Chemische Ausrüstung
Der Baumwollstoff wird knitterfrei, läuft nicht ein, ist leicht zu bügeln und trocknet schneller als unbehandelte Baumwolle.

Sprühwasser
Wenn Sie dem Einsprühwasser beim Bügeln etwas Essig zugeben, geht die Arbeit wesentlich leichter von der Hand.

Die edle Lambswool will besonders sanft behandelt werden. Waschen Sie das feine Stück mit der Hand und Wollwaschmittel. Drücken Sie das Teil mehrmals sanft in der Waschmittellauge aus. Reiben oder rubbeln Sie nicht. Dann gründlich in Wasser ausspülen, dem Sie einen Schuss Essig beigegeben haben.

❋ Crêpe de Chine

Crêpe de Chine ist ein sehr feiner Seidenstoff, der ungeheuer leicht und fließend ist und eine leicht krause Oberfläche hat. Die Faser wird vor allem für Tücher, Schals und leichte Kleidungsstücke verwendet.

❋ Cupro

Zu den Kunstfasern auf natürlicher Basis gehört Cupro. Da die Herstellung sehr umweltbelastend ist, wird diese Faser in der Bundesrepublik – im Gegensatz zu anderen europäischen Ländern – nicht mehr produziert.

❋ Elasthan

Diese überaus dehnbare Chemiefaser wird nie alleine, sondern nur in Verbindung mit anderen Fasern verwendet. Kleidung, die einen Elasthananteil enthält, ist überaus angenehm und bequem zu tragen (zum Beispiel in Hosen, Leggings und Socken).

❋ Filz

Filz ist ein textiles Flächengebilde mit einer Oberfläche aus wirr liegenden verhakten Fasern. Er besteht meist aus Wolle und tierischen Haaren. Im modischen Bereich fertigt man aus Filz vorwiegend Hüte.

❋ Flanell

Flanell ist ein Sammelbegriff für sehr weiche, geraute Woll- oder Chemiefaser, aber auch Baumwollgewebe. Häufigste Verwendung: Hemden und Schlafanzüge.

*Lambswool
Zum Trocknen ziehen Sie das Kleidungsstück in Form und lassen es auf einem dicken Frottierhandtuch trocknen.*

❋ Hanf

Hanf wird die Bastfaser genannt, die aus dem Stängel der Cannabis sativa hergestellt wird. Der besondere Vorteil von Hanf: Die Faser ist sehr langlebig, fest, hart, grob und lässt sich kaum dehnen. Aus Hanf stellt man beispielsweise Seile und Untergewebe für Teppiche her.

❋ Jute

Die stark verholzten und ungleichmäßigen Bastfasern der Jutepflanze nennt man Jute. Man webt die strapazierfähige Faser beispielsweise zu Tragetaschen, Beuteln und Teppichen.

❋ Kalbsleder

Das Leder von Kälbern ist wesentlich weicher und in der Narbenbildung gleichmäßiger als Rinds- und Schweinsleder. Man fertigt daraus unter anderem Kleidung, Koffer und Handtaschen.

❋ Lambswool

Als Lambswool darf nur Lammwolle aus der ersten Schur bezeichnet werden (die Lämmer sind dann etwa sechs Monate alt). Diese edle Wolle ist besonders weich und fein. Man verwendet sie hauptsächlich für Pullover, Mützen und Schals.

❋ Leder

Leder ist die tierische Haut. Man bezeichnet die einzelnen Ledersorten nach der Tierart, von der sie stammen. Am häufigsten wird Rind-,

Kalb-, Lamm- und Schweinsleder verwendet.

Darüber hinaus unterscheidet man zwischen Glatt- und Rauleder. Zum Glattleder gehört Nappa, Rauledersorten sind Nubuk und Velours. Häufigster Gebrauch: Jacken, Schuhe, Handtaschen und Handschuhe.

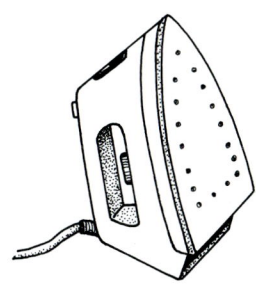

Da Leinen beim Waschen stark verknittert, muss es sehr heiß gebügelt werden. Einsprühen nicht vergessen.

✳ Leinen

Leinen wird aus den Stängeln der Flachspflanze gewonnen. Der Stoff ist von Natur aus sehr strapazierfähig. Außerdem hat die Faser einen edlen Glanz. Wie Baumwolle hat auch Leinen den Nachteil, stark zu knittern. Die Industrie hat dieses Problem durch Beimischung von Synthetikfasern gelöst. Chemische Zusätze machen Leinen pflegeleicht. Leinen ist angenehm kühl auf der Haut. Deshalb sind Kleidungsstücke aus dieser Faser in der heißen Jahreszeit besonders angenehm zu tragen. Weiterer Vorteil: Leinen hat einen wunderschönen Glanz, flust nicht

und lässt sich sehr gut waschen. Die Nachteile der Faser: Sie ist sehr steif und daher nicht besonders geschmeidig. Leinen wird vor allem zu Geschirrhandtüchern, Bettwäsche, Kleidern und Blazern verarbeitet.

✳ Melangegarn

Eine Mischung verschiedenfarbiger Garne (natürlicher oder synthetischer Herkunft, aber auch Kombinationen) wird Melangegarn genannt.

✳ Modal

Modal ist eine Chemiefaser auf natürlicher Basis und wird ähnlich wie Viskose hergestellt. Modalfasern können mercerisiert werden, sie sind sehr strapazierfähig und knittern nicht übermäßig. Wie Viskose wärmt auch Modal kaum und wird hauptsächlich für Kleidung verwendet – oft gemischt mit Baumwolle oder Chemiefasern.

✳ Nappaleder

Das kräftige Nappaleder wird aus der Haut von Kälbern, Rindern oder älteren Ziegen hergestellt. Nappaleder ist recht widerstandsfähig, nimmt selten etwas übel und ist oft sogar waschbar. Aus Nappaleder werden zum Beispiel Jacken und Taschen gefertigt.

✳ Nylon

Nylon ist wohl die bekannteste aus Polyamid hergestellte Kunstfaser. Heute wird es vorwiegend zu Nylonstrümpfen verarbeitet.

Ledertextilien nur dann reinigen, wenn es unbedingt nötig ist. Denn jede Reinigung wirkt sich negativ auf die Qualität des Stückes aus.

> *Wichtig!*
>
> *Synthetische Fasern laden sich gerne elektrostatisch auf. Gibt man bei der Wäsche einen Schuss Weichspüler in die Maschine, verringert sich dieser lästige Effekt jedoch.*

Auf die gleiche Weise wie Samt werden auch Plüsch und Velours hergestellt. Die Höhe des Flors zeigt an, um welches Gewebe es sich handelt. Samt hat eine Florhöhe bis zu drei Millimeter. Die Florhöhe von Velours beträgt drei bis acht Millimeter. Plüsch muss eine Florhöhe von über acht Millimeter aufweisen.

✳ Organdy

Organdy – auch Glasbatist genannt – ist ein ganz hauchzartes Baumwollgewebe. Es ist leicht durchsichtig und wirkt etwas glasig. Dieser zarte Stoff, der vor allem für Blusen, Kleider und Tischdecken benötigt wird, sollte am besten mit der Hand gewaschen werden.

✳ Pannésamt

Pannésamt ist ein stark glänzender Samt, dessen Flor durch festes Bügeln geplättet wurde. Durch diese Behandlung erhält der Stoff seine typische glänzende Oberfläche. Am häufigsten fertigt man daraus Schals und andere Kleidungsstücke.

✳ Plüsch

Plüsch besteht meistens aus Polyacryl und hat einen sehr hohen, wunderbar flauschigen Flor. Da der Stoff sehr warm ist, macht man daraus hauptsächlich Jacken und Mäntel, aber auch Heimtextilien.

✳ Polyamid

Polyamid ist eine synthetische Faser. Es ist sehr leicht und wärmt recht gut. Man verarbeitet es daher oft in Jacken und Mäntel.

✳ Polyacryl

Polyacryl wird aus Acrylnitril hergestellt. Die Faser ist wollähnlich und wärmt sehr gut. Die synthetische Faser wird vorwiegend zu Strickwaren verarbeitet.

✳ Polyester

Die Ausgangsstoffe für die synthetische Faser Polyester sind Glykol und Terephthalsäure. Polyester ist recht weich und elastisch, hält aber nicht sehr warm. Wird zu Kleidung verarbeitet und als Futterstoff verwendet.

✳ Polypropylen

Diese Faser besteht aus Propylenteilchen. Sie ist ziemlich reißfest, wollähnlich und kuschelig.

✳ Polyvinylchlorid (PVC)

PVC hält sehr warm und ist nicht brennbar. Bei Hitze zieht sich das Gewebe jedoch zusammen und schrumpft.

✳ Samt

Samt wird meist im Doppelwebverfahren hergestellt. Dabei werden zur gleichen Zeit zwei Gewebe hergestellt, die eine gemeinsame Oberfläche haben. Während des Webens wird das Doppelgewebe durch ein scharfes Messer getrennt. So werden in einem Arbeitsgang zwei Webstücke gleichzeitig hergestellt. Aus Samt werden zum Beispiel Kleider, Hosen, Jacken und Heimtextilien gefertigt.

✳ Seide

Seide wird aus den Kokons seidenspinnender Insekten gewonnen. Der bekannteste »Lieferant« ist der Seidenspinner des Maulbeerbaums. Die Faser gilt als »Königin« unter

Warmes Wasser Zum Einsprühen der Wäsche sollten Sie warmes Wasser verwenden, es zieht wsentlich schneller in die Wäsche ein als kaltes Wasser und bildet auf dem Stoff keine störenden Tröpfchen.

den Textilien. Sie ist glatt, reißfest, sehr elastisch, schmutzabweisend und nimmt kaum Geruch an. Seide mag kein Wasser. Ist es auf dem Pflegeetikett nicht ausdrücklich vermerkt, sollte das kostbare Stück von Wasser fern gehalten werden. Schon ein Wassertröpfchen kann einen Fleck hinterlassen, da die empfindliche Seide durch die Flüssigkeit aufquillt und dadurch Faserveränderungen auftreten.

✳ Viskose

Viskose wird aus gebleichter Zellulose gewonnen und durch chemische Verarbeitungsschritte »geformt«. Die Eigenschaften der Viskose sind denen der Baumwolle sehr ähnlich. Allerdings sind Viskosefasern im nassen Zustand überaus reißanfällig. Deshalb sollten Kleidungsstücke in der Waschmaschine nur im Schonwaschgang gewaschen werden. Viskose ist sehr haltbar, knittert dafür aber stark und wärmt nur wenig. Sie ist ideal für Sommerbekleidung.

✳ Wildseide

Wildseide nennt man Seide, die von nicht gezüchteten Seidenspinnern stammt. Sie muss ebenso wie Seide gepflegt werden.

✳ Wolle

Wolle ist die leichteste Naturfaser. Trotzdem wärmt sie von allen Textilien am besten. Sie ist schmutzabweisend, und fest sitzende Gerüche

verschwinden bereits beim Lüften. Allerdings filzt Wolle sehr schnell, ist nicht reißfest und wird gerne von Motten befallen. Wie so oft hilft heute jedoch die Chemie gegen diese Nachteile. Wolle stellt einige Ansprüche an die Pflege. Sie mag zum Beispiel nicht in der Waschmaschine durchgeschüttelt werden, sondern bevorzugt eine sanfte Handwäsche. Doch Vorsicht: Wollsachen dürfen nicht gerieben oder gewrungen werden. Das vertragen die flauschigen Fasern gar nicht.

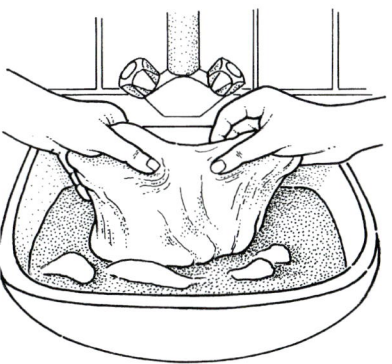

Wolle wäscht man am besten mit der Hand und nur im lauwarmen Wasser. Anschließend gut ausspülen.

FLECKEN-ABC

✳ Ananasflecken

Ananasflecken verschwinden aus Seide, wenn Sie den Fleck vorsichtig mit klarem Wasser befeuchten und dann die Stelle mit Gallseife reinigen; gut ausspülen. Flecken an den Fingern entfernen Sie mit Zitronensaft.

Wolle ist die Bezeichnung für die Faser, die aus dem Schaffell gewonnen wird. Andere tierische Textilien werden mit dem Tiernamen bezeichnet, beispielsweise Angorawolle, Kamelhaar und Kaschmir.

> *Wichtig!*
> *Grundsätzlich gilt die Faustregel: Je feiner, glänzender und glatter eine Seidentextilie ist, desto empfindlicher ist sie. Um die Qualität solch edler Teile zu bewahren, sollte man sie nur chemisch reinigen lassen.*

Selbstbräuner lassen sich nur schwer wieder entfernen. Am besten versucht man es mit Javellauge. Vorsichtig abtupfen, damit sich der Fleck nicht noch vergrößert.

✳ Apfelsinenflecken

Frische Apfelsinenflecken in Baumwollstoffen lassen sich mit kaltem Wasser auswaschen. Wollstoffe, Seide und andere empfindliche Gewebe werden mit Glyzerin gereinigt.

✳ Beerenflecken

Das oberste Gebot bei der Entfernung von Beerenflecken lautet: Zuerst mit einem Messer ganz vorsichtig das Fruchtfleisch vom Stoff abheben. Erst dann dem Fleck eine Spezialbehandlung zuteil werden lassen – je nach Beerensorte.

✳ Bierflecken

Frische Bierflecken auf Baumwolltextilien werden einfach mit lauwarmem Wasser und etwas Seife oder Feinwaschmittel ausgewaschen. Ältere Flecken entfernen Sie mit einer Salzwasserlauge (einen Teelöffel Salz auf einen halben Liter Wasser). Auf Wolle hinterlässt Bier in der Regel keine Flecken, wenn Sie es unmittelbar nach dem Verschütten mit einem saugfähigen Tuch aufnehmen. Bereits eingetrocknete Flecken lassen sich mit warmer Seifenlauge ausreiben. Auf empfindlichen Stoffen entfernen Sie Bier mit einer Lösung aus Wasser und Spiritus zu gleichen Teilen.

✳ Blaubeerflecken

Blaubeerflecken können Sie problemlos mit etwas heißer Milch beseitigen. Verträgt der Stoff keine heiße

Behandlung, probieren Sie es mit saurer Milch. Auch damit lassen sich die bläulichen Flecken leicht entfernen. Anschließend waschen Sie die Milch mit kaltem Wasser aus. Ältere Blaubeerflecken können vor allem auf weißen Kleidungsstücken recht hartnäckig sein. In diesem Fall ist es ratsam, das Kleidungsstück über Nacht in Buttermilch einzuweichen, der einige Spritzer Zitronensaft zugefügt wurden. Am nächsten Tag kann das gute Stück dann wie gewohnt gewaschen werden.

Blaubeerflecken verschwinden, wenn man den Stoff in einer Mischung aus Buttermilch und Zitronensaft einweicht.

✳ Bleistiftflecken

Bleistiftflecken in Textilien lassen sich problemlos mit warmer Seifenlauge entfernen. Verträgt der Stoff kein Wasser, leisten Alkohol und Waschbenzin gute Dienste.
Von glatten harten Oberflächen (etwa Leder) verschwindet Bleistift mit einem weichen Radiergummi.

Blaubeerflecken Blaubeerflecken an den Händen lassen sich ganz schnell mit Zitronensaft entfernen.

16

❈ Blut

Erste Maßnahme im Kampf gegen Blutflecken ist kaltes Wasser. Niemals warmes oder gar heißes Wasser nehmen, denn Blut ist eiweißhaltig. Kommt das Eiweiß mit warmem Wasser in Verbindung, gerinnt es und geht eine recht dauerhafte Verbindung mit dem Stoff ein. Genügt Wasser nicht, betupfen Sie die frischen Blutflecken mit Salzwasser, lassen dieses kurz einwirken und spülen es dann mit reichlich handwarmcm Wasser aus.

Alte, bereits eingetrocknete Flecken verlangen nach einer Spezialbehandlung. Dazu den Fleck mit einer dreiprozentigen Wasserstoffsuperoxydlösung behandeln. Doch Vorsicht: Versuchen Sie das Mittel erst einmal an einer unsichtbaren Stelle (zum Beispiel am Saum). Verträgt der Stoff nämlich diese härtere Behandlung nicht, sollten Sie das Stück erst einmal über Nacht in Salzwasser einweichen. Vielleicht erweicht bereits diese Behandlung den Fleck.

❈ Blut auf Buntwäsche

Befindet sich der Blutfleck auf einem bunten Kleidungsstück, ist für die Behandlung entscheidend, ob der Stoff farbecht ist. Farbechte Stoffe reinigt man mit Wasser, dem ein wenig Salmiakgeist beigefügt wurde (gründlich nachspülen). Blutet die Farbe aus, weichen Sie den Stoff in Salzwasserlösung (dreiprozentiger Kochsalzlösung) ein.

❈ Blut auf Seide

Blutflecken auf Seide werden mit Salzwasser und Waschmittel vertrieben. Man verrührt eine sehr leichte Salzwasserlauge mit ganz wenig Feinwaschpulver und wäscht den Fleck in diesem Laugenmix aus.

❈ Blut auf weißer Wäsche

Sie verschwinden spurlos, wenn die betroffenen Stücke einige Stunden oder über Nacht in Salzlösung eingeweicht werden (einen Esslöffel Salz auf einen Liter Wasser). Dann die Wäsche wie gewohnt waschen.

❈ Blut auf Wolle

Wolle verträgt eine Salzwasserbehandlung nicht immer. In diesem Fall ist Stärke das Fleckenmittel der ersten Wahl. Etwas Stärke anfeuchten, vorsichtig auf den Fleck auftragen, trocknen lassen und abpusten. Stärkere Stoffe vertragen auch ein leichtes Abbürsten.

❈ Bowleflecken

Das herrlich erfrischende Sommergetränk lässt sich recht problemlos mit warmer oder kalter Seifenlauge entfernen – je nach Stoffart. Verträgt der Stoff keine Behandlung mit Wasser und Seife, verwenden Sie verdünnten Salmiakgeist.

❈ Brandflecken

Beim Bügeln kurz nicht aufgepasst, schon ist es passiert und einige leichte, hellbraune Brandflecken

Ein Blick aufs Etikett im Kleidungsstück genügt, und man weiß, wie der jeweilige Stoff behandelt und bei welcher Temperatur er gewaschen werden darf. Eine Nachbehandlung in der Waschmaschine ist nämlich immer von Vorteil.

> *Wichtig!*
> *Damit den Stoff nach der Fleckenbehandlung keine Wasserränder verunzieren, muss man die entsprechende Stelle mit dem Fön trockenpusten.*

verunstalten Ihre Wäsche. Jetzt hilft es, den Brandfleck mit Zwiebelsaft einzureiben. Den Saft einwirken lassen und mit kaltem Wasser ausspülen. Oder den Fleck mit Zitronensaft beträufeln, dann mit Puderzucker bestreuen und mit klarem Wasser auswaschen. Für welche Behandlung Sie sich entscheiden hängt davon ab, welches Mittel sie sofort zur Hand haben. Denn nur sehr schnelle Maßnahmen retten die Wäsche.

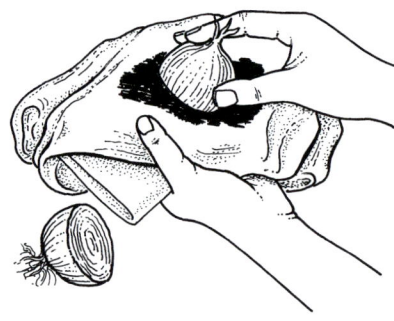

Hat das Bügeleisen braune Spuren hinter-
lassen, reibt man diese mit einer halben
Zwiebel ein und spült dann klar nach.

✳ Cognacflecken

Die Flecken des bernsteinfarbenen, hochprozentigen Getränkes entfernen Sie am besten mit ebenfalls hochprozentigem Alkohol aus der Apotheke (96 Prozent). Besonders gut lässt sich der Fleck beseitigen, wenn Sie den Alkohol vor der Fleckenbehandlung in einem Topf oder im Wasserbad leicht erwärmen (nicht zu heiß!).

✳ Cola auf Baumwolle

Von Baumwolle und Leinen verschwinden Colaflecken ganz schnell wieder, wenn man sie mit lauwarmer Seifenlauge auswäscht.

✳ Cola auf Seide

Bei verschmutzter Seide den Fleck so schnell wie möglich mit saugfähigem Papier (Taschentuch oder Küchenrolle) aufnehmen, bevor er sich im zarten Gewebe festsetzen kann. Eventuell mit klarem Wasser nachspülen. Das Kleidungsstück anschließend nach Vorschrift waschen oder reinigen.

✳ Cola auf Wolle

Hat sich Cola auf Ihren Pullover ergossen, tupfen Sie die Wolle unverzüglich ganz vorsichtig mit einem Papiertaschentuch oder einem Stück Küchenpapier ab. Das Papier saugt die koffeinhaltige Limonade fast vollständig auf (nicht reiben, da dadurch nicht nur das Papier fusselt, sondern sich auch Wollknötchen bilden können). Mögliche Reste werden mit kaltem Wasser vorsichtig ausgespült.

✳ Eierlikörflecken

Nehmen Sie den Eierlikör vorsichtig mit einem Messer ab, legen Sie dann ein dünnes Tuch über die beschmutzte Stelle und betupfen Sie den Fleck durch das Tuch mit verdünntem Salmiakgeist. Eierlikörflecken auf Wollstoffen werden mit Hilfe eines Frottierhandtuchs und etwas Alkohol vorsichtig entfernt (nicht reiben).

❊ Ei

Wenn das morgendliche Frühstücksei Spuren auf Hemd, Krawatte oder Pullover hinterlassen hat, nehmen Sie erst sorgfältig das Eigelb mit einem Messer ab. Den Fleck trocknen lassen, vorsichtig ausbürsten oder abkratzen und mit kaltem Wasser ausspülen.

❊ Ei auf Wolle

Lassen Sie den Fleck trocknen und bürsten Sie ihn dann vorsichtig aus. Falls noch Ränder zu sehen sind, werden diese mit lauwarmem Wasser entfernt.

❊ Ei auf feinen Stoffen

Hat sich das Eigelb auf einem empfindlichen Stoff festgesetzt, probieren Sie es mit Salz: Feuchtes Salz auf den Fleck aufstreichen, trocknen lassen und ausbürsten. Haben Sie nur wenig Zeit, können Sie den Fleck auch vorsichtig mit Essigwasser austupfen.

❊ Eiscremeflecken

Versuchen Sie die Eiscremeflecken mit heißem Wasser zu entfernen. Ist Wasser für den Stoff nicht gut, entfernen Sie den Fleck mit Alkohol.

❊ Erbrochenes

Gerade Kindern passiert nach Geburtstagsfeiern, wenn alles tapfer durcheinander gegessen wurde, schnell ein kleines Malheur. In diesem Fall spülen Sie die betroffenen Kleidungsstücke zuerst mit viel klarem Wasser aus. Dann werden sie in einer kräftigen Seifenlauge gewaschen. Sind immer noch Schatten zu sehen, rücken Sie ihnen mit dreiprozentigem Wasserstoffsuperoxyd zu Leibe.

❊ Erdbeerflecken

Erdbeerflecken lassen sich mit lauwarmem Wasser entfernen. Zeigt sich der Fleck hartnäckig, verwenden Sie Seifenlauge. Befindet sich der Erdbeerfleck in empfindlichem oder gefärbtem Gewebe, tupfen Sie ihn mit reinem Alkohol vorsichtig ab. Anschließend wird das Kleidungsstück mit klarem Wasser ausgewaschen.

❊ Fett

Als erstes streuen Sie reichlich Kartoffelmehl auf den häßlichen Fettfleck. Das Mehl einige Zeit einwirken lassen und dann vorsichtig ausbürsten.

Gerbstoffflecken entstehen aus Verunreinigung durch gerbstoffreiche Getränke. Zu diesen gehören Kaffee, Tee, Colagetränke, Wein, Bier sowie Obst- und Gemüsesäfte. Auch Tabakflecken zählt man zu den Gerbstoffflecken.

Erste Hilfe bei Flecken

1. Legen Sie ein sauberes Tuch oder saugfähiges Papier (im Notfall Papiertaschentücher) unter den Fleck.

2. Tupfen Sie den Fleck ganz behutsam mit Wasser und einem Tuch ab und zwar von außen nach innen – umgekehrt könnten Sie den Fleck erheblich vergrößern. Nie reiben: Damit dringen die Schmutzpartikel nur fester ins Gewebe.

3. Betupfen Sie den Fleck, bis er verschwunden oder kaum noch zu sehen ist.

4. Trocknen Sie die feuchte Stelle durch Abtupfen mit Papier oder mit einem Handtrockner.

Wichtig!

Hat man kein Fleckenmittel zur Hand, weicht man den Fleck sicherheitshalber in Wasser ein.

Anorganische Pigmente wie Ruß, Graphit, Gips, Kreide und Zement werden am besten durch Rubbeln mit einer Waschmittellösung entfernt. Carotinoide (häufig in Frucht- und Gemüsesäften zu finden) sind fettlöslich und lassen sich daher mit Pflanzenöl entfernen.

Aus waschbaren Stoffen werden Fettflecken am einfachsten mit warmem Wasser und etwas Spülmittel entfernt.

✳ Fett auf feinen Stoffen

Aus empfindlichen, »wasserscheuen« Stoffen werden Fettflecken einfach weggebügelt. Betroffene Stoffstelle zwischen zwei weiße Löschblätter legen und dann mit geringer Hitze sanft darüberbügeln.

✳ Fett auf Seide

Fettspritzer oder -flecken auf Seide oder anderen extrem empfindlichen Textilien können Sie mit Schneiderkreide behandeln. Etwas Schneiderkreide abschaben, dick auf den Fleck streuen, einwirken lassen und dann die Kreide vorsichtig durch Ausschütteln und sanftes Ausbürsten entfernen. Großmutter schwor auch auf die Behandlung mit Kartoffeln. Dazu den Fleck mit einer rohen Kartoffel abreiben, den Saft einwirken lassen und anschließend alles vorsichtig ausbürsten oder mit einem trockenen weißen Tuch ausreiben.

✳ Fett auf Wolle

Fett auf Wolle verschwindet mit Mineralwasser wie von Zauberhand. Einfach etwas Wasser auf den Fleck träufeln und mit einem saugfähigen Tuch wieder abnehmen. Eventuell muss die Behandlung noch einmal wiederholt werden. Niemals reiben, da das Fett sonst noch tiefer in die Faser eindringt.

Wichtig!
Lösemittelhaltige Fleckenentferner nur bei geöffnetem Fenster benutzen. Sie wirken meist narkotisierend.

✳ Filzstiftflecken

Viele Filzstifte werden heute mit Lebensmittelfarbe hergestellt (Vermerk auf der Packung). In diesem Fall lassen sich die Flecken ganz leicht mit Seifenlauge entfernen. Handelt es sich um einen weniger kleidungsschonenden Filzstift, bearbeiten Sie den Fleck mit etwas Alkohol oder Azeton. Vorsicht: Kunstfasern vertragen keine Azetonbehandlung. Durch das Mittel kann sich nicht nur der Fleck, sondern auch der Stoff im wahrsten Sinne des Wortes in Luft auflösen.

✳ Fliegendreck

Fliegen lieben frisch gewaschene Wäsche, die auf der Leine trocknet und hinterlassen dort gerne ihre Minispuren. Versuchen Sie die Flecken zuerst mit Seifenlauge zu entfernen. Erweist sich der Fliegendreck als hartnäckig, bearbeiten Sie ihn mit Gallseife. Anschließend die Stelle mit klarem Wasser gut auswaschen.

✳ Fruchtsaftflecken

Bestreuen Sie den Fleck sofort mit Salz und waschen Sie ihn dann mit heißem Wasser aus. Verträgt der Stoff keine Heißwasserbehandlung, erwärmen Sie etwas Alkohol und behandeln den Fleck damit ganz vorsichtig.

✳ Gras

Behandeln Sie Grasflecken nicht mit Wasser. Denn dadurch setzt sich der Fleck im Stoff richtig fest und es wird erst recht unheimlich schwer, ihn wieder zu entfernen. Streuen Sie stattdessen Backpulver auf den Fleck. Einwirken lassen und vorsichtig wieder ausbürsten. Wollen Sie dem Fleck mit flüssigen Mitteln an den Kragen, verwenden Sie statt Wasser Weingeist. Anschließend das Kleidungsstück gründlich auswaschen – und zwar erst mit kaltem, dann mit warmem Wasser.

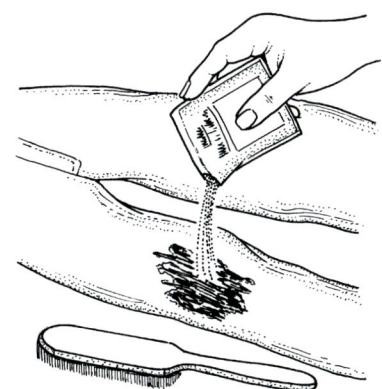

Backpulver saugt den Farbstoff aus Grasflecken auf. Es wird anschließend mit der Kleiderbürste wieder entfernt.

❋ Gras auf Seide
Grasflecken aus Seidenstoffen entfernen Sie am besten mit Benzin. Danach mit Wasser ausspülen und wie gewohnt reinigen.

❋ Gras auf weißer Wäsche
Hat sich der Grasfleck in weißem Leinengewebe festgesetzt, behandeln Sie ihn mit einer dreiprozentigen Wasserstoffsuperoxydlösung. Weiße, unempfindliche Wäschestücke werden zusätzlich mit Zitronensaft behandelt. Genügt dies noch nicht, weicht man den Stoff über Nacht in saurer Milch ein.

❋ Grasflecken auf Wolle
Grasflecken auf dem Lieblingspulli rücken Sie mit etwas leicht erwärmtem Spiritus auf die Wolle.

❋ Gurkenflecken
Gurkenflecken waschen Sie mit einer leichten Seifenlauge heraus. Ist der Fleck bereits älter und etwas zäher, nehmen Sie Gallseife. Danach gut ausspülen.

❋ Holzleimflecken
Holzleim ist wasserlöslich und lässt sich daher recht problemlos mit Seifenlauge entfernen.

❋ Hundedreck
Entfernen Sie zuerst den gröbsten Schmutz, er darf auf keinen Fall antrocknen. Dann weichen Sie das Kleidungsstück in lauwarmer, starker Seifenlauge ein. Anschließend mit Desinfektionsmittel waschen.

❋ Jodflecken
Reiben Sie den Fleck mit einem Stück roher Kartoffel ein. Dann wird der Stoff so lange in klarem Wasser eingeweicht, bis der Fleck verschwunden ist. Zeigt sich der Fleck unbeeindruckt oder ist er schon älter, wird er mit heißem Wasser und fünfprozentigem Salmiakgeist behandelt.

Damit Ihre Hände beim Gemüseputzen und -schneiden nicht verfärben, tauchen Sie die Hände einfach in Essig. Verfärbungen können Sie dann ohne langes Reiben mit Zitronensaft beseitigen.

Wichtige Papiere
Wichtige Papiere, die ein paar Fettflecken abbekommen haben, werden wieder sauber, wenn Sie Kartoffelmehl darüber streuen. Lassen Sie das Mehl einige Zeit einwirken und bürsten Sie es dann wieder ab.

Nasse und feuchte Flecken niemals mit einem Tuch ausreiben, sonst setzt sich der Schmutz noch tiefer in der Faser fest. Stattdessen den Fleck trocknen lassen, abbürsten und erst dann mit einem Fleckenmittel behandeln.

✳ Joghurtflecken

Joghurtflecken sollten Sie eintrocknen lassen und dann ganz sanft ausbürsten. Eventuell zurückgebliebene Ränder waschen Sie behutsam mit einer leichten Seifenlösung aus. Bei empfindlichen Stoffen, die kein Wasser vertragen, nehmen Sie stattdessen Waschbenzin.

✳ Johannisbeerflecken

Rote Johannisbeerflecken verschwinden nach einer Behandlung mit weißem Johannisbeersaft.

✳ Kaffee

Frische Flecke werden – wenn es das Gewebe zulässt – mit warmem Wasser und mildem Seifenwasser behandelt. Milchkaffeeflecken werden zuerst mit kaltem Wasser ausgewaschen, um Milchreste zu entfernen. Bereits eingetrockneten Kaffeeflecken rücken Sie mit Glyzerin auf den Leib: Das Glyzerin auftupfen, kurz einwirken lassen und wieder auswaschen.

✳ Kaffee auf Baumwolle

Aus Baumwolle und Leinen verschwinden Kaffeeflecken fast von allein, wenn man den Stoff in kaltem Salzwasser einweicht.

✳ Kaffee auf Buntwäsche

Legt man bunte Textilien in Milch ein, lösen sich Kaffeeflecken, ohne die Farbe in Mitleidenschaft zu ziehen. Das gute Stück darf in der

Milch eingeweicht werden, bis sie sauer ist. Verschwindet der Fleck nicht, versuchen Sie es zusätzlich mit lauwarmem Wasser, dem Borax beigegeben wurde.

✳ Kaffee auf Kochwäsche

In diesem Fall können die Flecken mit kochendem Wasser beseitigt werden. Man spannt die betroffene Stelle über ein Gefäß (Schüssel, Eimer) und übergießt sie so oft mit kochendem Wasser, bis der Fleck verschwunden ist.

✳ Kakao

Den Fleck zuerst mit kaltem, dann mit lauwarmem Wasser ausspülen. Kakao gehört zu den eiweißhaltigen Flecken. Behandeln Sie den Fleck sofort mit warmem oder sogar heißem Wasser, gerinnt das Eiweiß und der Fleck lässt sich nicht mehr aus der Faser lösen. Besonders hartnäckige Flecken werden mit dem ungesalzenen Kochwasser von Kartoffeln beseitigt. Zeigt auch diese Behandlung nicht den erwünschten Erfolg, waschen Sie den Fleck in Wasser aus, dem einige Tropfen Salmiakgeist beigegeben wurden. Danach die Stelle gut auswaschen und mit einem trockenen, sauberen Tuch vorsichtig trockentupfen.

✳ Kakao auf bunten Stoffen

Befindet sich der Fleck auf einem bunten oder empfindlichen Stoff, weichen Sie ihn in Milch ein, bis

Wichtig!

Pullis aus wertvollem Tierhaar (wie Angora und Kaschmir) immer vom Fachmann reinigen lassen, da sie extrem empfindlich sind.

diese sauer geworden ist. Dann wird das ganze Kleidungsstück nach Vorschrift gewaschen oder die betroffene Stelle gut mit klarem Wasser ausgespült. Bringt das nicht den erwünschten Erfolg, reiben Sie den Fleck mit Glyzerin ein und waschen das Kleidungsstück dann in Seifenlauge aus.

✳ Kakao auf Uni-Stoffen
Kakaoflecken auf einfarbigen, strapazierfähigen Stoffen weichen Sie in starkem Salzwasser ein. Anschließend mit klarem Wasser ausspülen.

✳ Kakao auf Wolle
Kakaoflecken lassen sich aus Wolle am besten mit Glyzerin entfernen. Diese einfache Behandlung eignet sich übrigens auch bei Kleidungsstücken aus Kunstfasern.

✳ Kalkflecken
Kalkflecken, die sich auf Textilien abgesetzt haben, werden mit Essig entfernt. Tränken Sie ein Tuch mit hellem Essig und betupfen Sie damit den Stoff. Hartnäckige Flecken werden in Essigwasser eingeweicht; die Textilien anschließend nach Vorschrift waschen.

✳ Karottenflecken
Aus Babykleidung und von anderen Textilien verschwinden die rötlichen Flecken, wenn man sie mit Babyöl behandelt. Den Fleck einfach mit Öl

bestreichen und die Kleidung dann ganz normal waschen.
Auch Schmierseife kann Karottenflecken spurlos beseitigen. Schmierseife auf den Fleck streichen, etwas einwirken lassen und das Kleidungsstück dann wie gewohnt waschen.

Karottenflecken auf Lätzchen mit Babyöl einweichen. Das verschmutzte Teil dann wie gewohnt in der Maschine waschen.

✳ Kaugummi
Kaugummi lässt sich von Stoffen am einfachsten in gefrorenem Zustand entfernen. Legen Sie das Kleidungsstück deshalb in einem Plastikbeutel ins Gefrierfach. Der Kaugummi wird hart und lässt sich mühelos abkratzen. Sind noch Spuren zu entdecken, werden sie mit Alkohol vorsichtig entfernt – vorausgesetzt der Stoff verträgt diese Behandlung.
Ist das Kleidungsstück zu groß für die Gefrierfachbehandlung (zum Beispiel ein Anorak oder Mantel), legen Sie einen Plastikbeutel mit Eiswürfeln auf

Fettflecken verschwinden aus Wolle manchmal von ganz alleine. Der Schmutz »wandert« regelrecht durch die rauen Fasern und verteilt sich dadurch so weit, dass er vom Auge nicht mehr wahrgenommen wird.

Wasser
Wird ein Antifleckenmittel mit Wasser angemischt, verwendet man am besten destilliertes Wasser. So kann man zusätzliche Kalkränder beim Trocknen vermeiden.

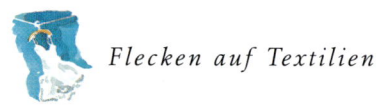
die verschmutzte Stelle. Der Eisbeutel bleibt so lange auf dem Kaugummi, bis dieser hart geworden ist und bröckelt. Dann kann der Kaugummi mit einer Kleider- oder Wurzelbürste ausgebürstet werden.

✳ Kerzenwachs

Bevor Wachsflecken beseitigt werden können, muss das Wachs hart sein. Tauchen Sie den Fleck zum Beispiel in kaltes Wasser oder legen Sie einen Eisbeutel darauf. Dann können Sie den größten Teil des Wachses ganz einfach abbrechen. Wachsreste entfernen Sie mit dem Bügeleisen. Die fleckige Stelle wird zwischen zwei Blätter saugfähiges Papier (Papiertaschentücher, Küchenpapier, Toilettenpapier, Löschpapier) gelegt und das Wachs mit einem warmen Bügeleisen herausgebügelt. Reste behandeln Sie mit Waschbenzin oder Alkohol.

Kerzenwachs
Damit es nach dem wunderschönen Abendessen keine Probleme mit Wachsflecken auf dem Tischtuch gibt, legen Sie die Kerzen vor dem Anzünden einige Stunden ins Gefrierfach. Sie brennen nach dieser Spezialbehandlung nicht nur länger, sondern tropfen auch weniger stark.

✳ Kugelschreiber

Kugelschreiber lässt sich aus den meisten Stoffen auf sanfte Art mit Gallseife entfernen. Anschließend die Stelle gut auswaschen. Etwas hartnäckigere Flecken werden mit einem Essig-Alkohol-Cocktail ausgewaschen (Verhältnis 1:1).

✳ Kugelschreiber auf Seide

Flecken, die vom Kugelschreiber stammen, können aus Seide und Wollstoffen mit Alkohol (aus der Apotheke) entfernt werden.

✳ Kugelschreiber auf Synthetik

Kugelschreiberflecken auf Kunstfaser können besonders gut mit Haarspray entfernt werden. Reichlich Haarspray aufsprühen und mit einem sauberen Tuch leicht reiben. Dann mit Wasser ausspülen.

✳ Kugelschreiber auf Wolle

Kugelschreiberflecken auf Wolle lassen sich am besten mit Alkohol entfernen.

✳ Kleberflecken

Kleberflecken sind im allgemeinen recht wiederstandsfähig, denn Kleber soll ja nun mal gut haften. Entfernen Sie zuerst mit einem Messer so viel Kleber wie nur möglich. Dann versuchen Sie den Fleck vorsichtig mit lauwarmem Wasser, dem Sie einen Schuss Essig beimengen, auszuspülen. Löst sich der Klebstoff nicht, versuchen Sie den Fleck mit Spiritus zu lösen.

✳ Kunststoffkleberflecken

Kunststoffkleber verliert seine Haftung durch Azeton. Diese Behandlung darf jedoch auf keinen Fall bei Kunststofffasern angewandt werden. Das Gewebe könnte sich durch das Azeton auflösen.

✳ Lakritze

Auf waschbaren, unempfindlichen Textilien lassen sich Lakritzeflecken ganz einfach mit Schmierseifenlauge herauswaschen.

Empfindliche Stoffe werden mit Wasser »entfleckt«, dem ein Schuss Salmiakgeist beigemengt wurde. Anschließend das Kleidungsstück mit klarem Wasser gut auswaschen.

✳ Likör

Frische Likörflecken lassen sich in der Regel mit lauwarmem Wasser ausspülen. Ist der Fleck etwas hartnäckiger, waschen Sie ihn mit einer Seifenlauge aus Gallseife heraus. Spülen Sie anschließend gut mit viel klarem Wasser nach.

✳ Likör auf feinen Stoffen

Likörflecken auf nicht waschbaren Stoffen behandelt man mit Alkohol aus der Apotheke. Den Stoff auf eine saugfähige Unterlage legen und mit einem in Alkohol getränkten Tuch betupfen. Das Kleidungsstück anschließend einige Stunden zum Lüften ins Freie hängen.

✳ Likör auf Tischtüchern

Hartnäckige Likörflecken auf dem Tischtuch bearbeiten Sie mit verdünntem Spiritus. Anschließend den Fleck mit Wasser ausspülen und zum Abschluss über Wasserdampf halten. Vorsicht, dass Sie sich dabei nicht verbrühen.

✳ Lippenstift

Tupfen Sie die betroffene Stelle sorgfältig mit einem in Alkohol getränkten Wattebausch ab. Hartnäckige Flecken weichen, wenn sie

mit Glyzerin eingerieben werden. Danach das Kleidungsstück nach Anleitung waschen.

✳ Marmeladeflecken

Marmeladeflecken lassen sich in der Regel ganz leicht mit Seifenwasser entfernen. Die verschmutzte Stelle kurze Zeit in Seifenlauge einweichen und dann auswaschen. Ältere, etwas hartnäckigere Flecken betupft man notfalls mit Alkohol.

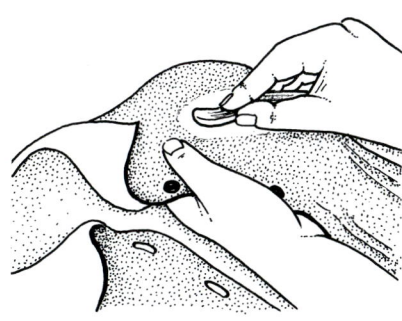

Mit frischer Brotrinde lassen sich Make-up-Flecken aus dunklen Textilien ganz einfach wieder herausreiben.

✳ Make-up-Flecken

Make-up-Flecken auf dunkler Kleidung lassen sich gut mit Brotrinde abreiben. Sehr helle Flecken kann man auch vorsichtig mit kaltem Kaffee bearbeiten. Bei hellen waschbaren, unempfindlichen Textilien wird der Fleck mit Kernseife und Wasser entfernt. Zeigt er sich unberührt, nehmen Sie statt Kernseife Gallseife.

Salz ist ein hervorragendes Antitropfmittel für Kerzen. Legen Sie die Kerzen in eine starke Salzlösung und lassen Sie sie dann an der Luft trocknen.

> ### Wichtig!
> *Findet sich auf einem Pfegeetikett der Hinweis, dass das Kleidungsstück nicht gereinigt werden darf, verträgt es auch keine Fleckenentferner.*

25

*Damit Ihre Ker-
zenleuchter von
Wachsspritzern
leichter zu säubern
sind, reiben Sie die
Oberfläche mit
etwas Speiseöl ein.*

Das Kleidungsstück danach gut ausspülen. Make-up-Reste in empfindlichen Stoffen behandelt man dagegen
am besten mit Glyzerin.

✳ Maschinenöl

Die hartnäckigen Ölflecken werden
mit Salmiakgeist betupft. Danach
spült man sie gründlich mit warmem Wasser aus.

✳ Mascara

Flecken von Wimperntusche lassen
sich leicht mit einer Lauge aus
Schmierseife entfernen. Etwas Wasser mit Schmierseife verrühren, und
fertig ist das seifige Fleckenwasser.

✳ Nagellack

Unempfindliche Stoffe werden mit
Azeton »entfleckt«. Vorsicht: Diese
Behandlung eignet sich nicht für
Azetatfasern, denn diese Kunstfasern
werden durch Azeton aufgelöst.
Empfindliche Stoffe behandeln Sie
besser mit Spiritus oder Alkohol.
Bei bunten Textilien nicht vergessen,
vorher an einer unsichtbaren Stelle
(Saum) auszuprobieren, ob die Farbe
der Behandlung standhält.

Wichtig!
*Spitzen sind sehr
empfindlich.
Sie dürfen bei
der Flecken-
entfernung auf
keinen Fall
gerieben werden.*

✳ Milchflecken

Waschen Sie Milchflecken sofort
mit kaltem Wasser aus. Reicht diese
Behandlung nicht aus, behandeln
Sie den Fleck mit Seifenwasser nach.
Zeigt sich der Fleck hartnäckig,
weichen Sie das Kleidungsstück
einige Zeit in Seifenwasser ein.

Erst wenn diese Behandlung keinen
Erfolg zeigt, greifen Sie zu stark
verdünntem Salmiakgeist, der mit
einer Prise Kochsalz vermischt
wurde. Nach der Behandlung den
Stoff mit klarem Wasser gründlich
ausspülen.

✳ Nikotinflecken

Nikotinflecken auf Textilien können
Sie mit Zitronensaft auswaschen.
In schwierigen Fällen verwenden Sie
Seifenspiritus.

✳ Obstflecken

Kochfeste Stoffe spannen Sie sofort
über ein Gefäß (Eimer, große Schüssel) und begießen den frischen Fleck
mit kochendem Wasser.
Ist die Wäsche nicht kochfest, beträufeln Sie die verschmutzte Stelle
mit Zitronensaft oder hellem Essig
und lassen die natürliche Säure einwirken. Danach lässt sich der Fleck
mit etwas Waschpulverseifenlauge
meist mühelos entfernen. Statt Essig
oder Zitrone können Sie auch Salz
verwenden. Einfach so viel Salz wie
möglich auf den Fleck streuen und
einwirken lassen.
Besonders hartnäckige Obstflecken
unbekannter Herkunft werden mit
dem kühlen Kochwasser von Kartoffeln oder weißen Bohnen betupft.

✳ Obstflecken auf Seide

Aus Seide verschwinden Obstflecken nach einer Behandlung mit
lauwarmem Wasser und Borax.

❊ Ölfarbe

Flecken, die von Ölfarbe stammen, reibt man mit einer Mischung aus gleichen Teilen Terpentinöl, Salmiakgeist und Seifenspiritus ein. Den Fleck anschließend mit weißem Löschpapier aufsaugen, mit Wasser ausspülen und das Kleidungsstück wie gewohnt waschen.

❊ Parfümflecken

Empfindliche und/oder bunte Stoffe behandeln Sie mit reinem Alkohol. Die Flecken werden ganz vorsichtig damit betupft. Eventuelle Reste entfernen Sie beim Waschen in Feinwaschmittel. Stoffe, die unempfindlich und strapazierfähig sind, können auch mit Seifenspiritus behandelt werden.

❊ Pfirsichflecken

Reiben Sie den Fleck mit Glyzerin ein und lassen das Fleckenmittel einen halben Tag einziehen. Dann das Kleidungsstück mit Seife und klarem Wasser auswaschen.

❊ Preiselbeerflecken

Preiselbeerflecken werden mit saurer Milch ausgewaschen. Den Stoff anschließend mit viel klarem Wasser ausspülen.

❊ Puderflecken

Puderflecken lassen sich meist ganz schnell mit einer weichen Bürste entfernen. Bürsten Sie den Fleck einfach sanft aus. Bringt die Bürstenbehandlung nicht den erwünschten Erfolg, entfernen Sie den Fleck mit einem angefeuchteten Schwamm. Puderflecken auf Seide reiben Sie am besten mit einem Seidenflicken aus.

❊ Rost

Frische Rostflecken mit Zitronensaft beträufeln. Den Saft einwirken lassen und dann mit Seifenlauge auswaschen. Verträgt das Kleidungsstück eine heiße Behandlung, erhitzen Sie den Zitronensaft und beträufeln den Fleck mit der dampfenden Flüssigkeit. Auch sehr wirkungsvoll: Die Roststelle in saurer Milch einweichen.

❊ Rost auf Kochwäsche

Bei Kochwäsche halten Sie die mit Zitronensaft beträufelte Stelle über heißen Wasserdampf. Vorsicht: Verbrühen Sie sich nicht die Hände. Nach der Behandlung wird das Kleidungsstück wie gewohnt gewaschen.

❊ Rote-Beete-Flecken

Flecken von Roten Beeten behandelt man mit handwarmer Seifenlauge. Anschließend den Fleck mit zehnprozentigem Salmiakgeist betupfen.

❊ Rotweinflecken

Frische Rotweinflecken verschwinden aus kochfester Wäsche, wenn sie in kochende Milch gehalten werden. Ältere Flecken werden im ungesalzenen Kochwasser weißer Bohnen oder Kartoffeln eingeweicht (ersatzweise tut es auch Milch).

Mayonnaise spült man mit lauwarmem Wasser aus. Das Kleidungsstück dann auf eine Unterlage legen und mit Glyzerin einreiben; einwirken lassen und auswaschen.

Nikotinflecken
Nikotinflecken an den Fingern beseitigen Sie ganz schnell, indem Sie ein Frotteetuch mit Zitronensaft oder Essig tränken und damit die Hautstellen kräftig abreiben.

Samt darf bei der Antifleckenbehandlung keiner mechanischen Reibung ausgesetzt werden. Die Fasern könnten sich dadurch lösen und der weiche Flor zerstört werden.

✳ Rotwein auf Tischtüchern

Hat der Rotwein Spuren auf Ihrer weißen Tischdecke hinterlassen, gießen Sie einfach Weißwein auf den Fleck oder bestreuen ihn dick mit Salz.

Salz saugt den Rotwein auf und bindet die Farbstoffe. Trocknen lassen, ausbürsten und den Stoff wie gewohnt waschen.

✳ Rougeflecken

Betupfen Sie Rougeflecken mit etwas Alkohol. Spülen Sie dann mit klarem Wasser nach.

✳ Rußflecken

Rußflecken dürfen weder weggerieben noch feucht ausgewaschen werden. Wirkungsvoll sind dagegen folgende Methoden: Schütteln Sie den Ruß vom Stoff oder klopfen Sie ihn vorsichtig aus. Sie können auch versuchen, den Ruß wegzublasen. Anschließend reiben Sie den Fleck mit einer Brotkruste vollständig aus dem Gewebe. Sie können den Rußfleck

auch mit Salz oder heißem Kartoffelmehl bestreuen. Einige Zeit einwirken lassen, dann den Stoff ausschütteln und Mehl- oder Salzreste ausbürsten.

✳ Salben

Enthalten Salben Fett, verursachen sie oftmals Flecken. Man betupft diese mit verdünntem Salmiakgeist und wäscht sie mit Gallseife aus. Die Wäsche dann wie gewohnt in der Maschine waschen.

✳ Schimmelflecken

Weichen Sie die betroffenen Stellen in heißer Molke ein und waschen Sie anschließend das Kleidungsstück wie gewohnt. Alternativ kann man den Schimmelfleck erst mit Zitronensaft befeuchten und dann mit reichlich Salz bestreuen. Legen Sie das Kleidungsstück zum Trocknen in die Sonne. Dann wie gewohnt waschen. Hartnäckige Flecken werden mit Essig behandelt: Essig auf den Fleck geben, einwirken lassen und dann mit Seifenlauge wieder auswaschen.

✳ Schlammflecken

Schlammflecken am besten erst einmal trocknen lassen und dann vorsichtig abbürsten oder abkratzen. Restflecken entfernen Sie mit Wasser. Versuchen Sie jedoch nicht, die verunreinigte Stelle mit einem feuchten Tuch sauber zu reiben. Sie werden mit dieser Behandlung

Rostflecken
Ist das Kleidungsstück durch hartnäckige Rostflecken unbrauchbar geworden, können Sie dieses recht ausgefallene Fleckenmittel ausprobieren: Reiben Sie den Rostfleck mit dem Saft einer reifen Tomate ein. Lassen Sie das Kleidungsstück in der Sonne trocknen und waschen Sie es danach in Seifenwasser.

genau das Gegenteil erreichen, denn durch das Reiben wird der Schmutz nur noch tiefer in das Gewebe transportiert. Eine sanfte Fleckenentfernung wird dadurch noch schwerer.

✳ Schokolade

Spülen Sie zuerst die verschmutzte Stelle mit kaltem klarem Wasser aus, um den oberflächlichen Schmutz zu entfernen. Anschließend wird der Fleck mit Seife behandelt und das Kleidungsstück wie gewohnt gewaschen. Hartnäckige Schokoladenflecken werden mit Zitronensaft, Glyzerin oder Alkohol betupft.

✳ Schokolade auf Weißwäsche

Verunziert ein Schokoladenfleck ein weißes Kleidungsstück, waschen Sie das gute Stück zuerst mit Seife oder Soda. Anschließend behandeln Sie den Restfleck mit einem Äther-Alkohol-Gemisch. Dazu je drei Teelöffel Äther und Alkohol mit einem Teelöffel Salmiakgeist vermischen.

✳ Schuhcreme

Schuhcreme lässt sich am einfachsten mit etwas Butter oder ein paar Tropfen Speiseöl entfernen. Den Fleck damit betupfen und daraufhin mit Feinwaschmittel auswaschen.

✳ Schwarzkirschenflecken

Haben Sie Saft der Schwarzkirsche verspritzt, reiben Sie den Fleck mit zerdrückten Weißkirschen ein. Der Fleck lässt sich anschließend spurlos mit lauwarmem Seifenwasser auswaschen.

✳ Schweiß

Unempfindliche und bunte Textilien mit Schweißflecken werden eine Zeit lang in lauwarmem Essigwasser eingeweicht. Danach das Kleidungsstück normal waschen.

✳ Schweiß auf feinen Stoffen

Bei empfindlichen Stoffen hat sich verdünnter Salmiakgeist oder Weingeist zum Entfernen von Schweißflecken bewährt. Ein Brei aus Wasser und Natron, den man auf die Flecken aufträgt, kann ebenfalls gut helfen. Brei trocknen lassen und vorsichtig ausbürsten.

✳ Schweißflecken auf Wolle

Bei Wollsachen ist es wichtig, die Schweißflecken sehr schnell zu entfernen, denn sie ziehen Motten an. Das einfachste Mittel ist starkes Salzwasser, mit dem die Flecken sanft ausgerieben werden. Führt diese Behandlung noch nicht ganz zum Ziel, können die Flecken mit Alkohol nachbehandelt werden.

✳ Sektflecken

Sektflecken lassen sich in der Regel mit Seifenlauge ohne Rückstände entfernen. Weigert sich der Fleck dennoch, aus der Faser zu verschwinden, bearbeiten Sie ihn mit heißem Zitronensaft.

Popeline muss vor der Fleckenentfernung sehr gut entstaubt werden. Sonst sind später Ränder zu sehen.

Wichtig!

Vor der Behandlung von Jeans immer erst an einer versteckten, aber dunklen Stelle prüfen, ob der Fleckenentferner nicht aus Versehen auch den blauen Farbstoff aus dem Denim zieht.

Teerflecken können Sie mit Leinöl auf den Leib rücken. Träufeln Sie immer wieder Leinöl auf die Teerflecken, bis sie aufgeweicht sind. Dann geben Sie etwas Leinöl auf ein weiches Tuch und wischen damit die Flecken einfach weg.

✻ Senfflecken

Bei frischen Flecken nehmen Sie den gröbsten Schmutz vorsichtig mit einem Messer ab. Dann reiben Sie die verbliebenen Spuren mit dem Saft einer frischen Zwiebel ein und lassen diesen kurz einwirken. Dann wird das Kleidungsstück ganz wie gewohnt gewaschen.

Ältere Senfflecken lassen sich etwas schwerer entfernen als frische. Am besten reiben Sie den Fleck mit Glyzerin ein und lassen Sie dieses kurz einwirken. Anschließend die verschmutzte Stelle in Seifenlauge auswaschen und gründlich nachspülen.

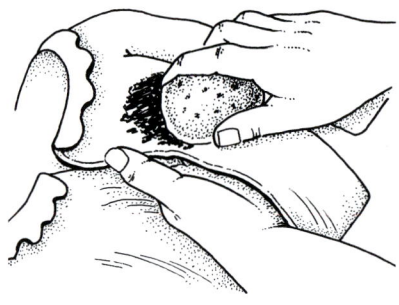

Häßliche grüne Spinatflecken verschwinden, wenn man sie mit der Schnittfläche einer rohen Kartoffel abreibt.

✻ Speiseeisflecken

Reste von Speiseeis, egal ob Frucht- oder Milcheis, lassen sich mit einer Mischung aus Seifenspiritus und Salmiakgeist entfernen. Mit klarem Wasser nachspülen. Die eiweißhaltigen Milcheisflecken auf keinen Fall mit warmem Wasser behandeln, da sie sich sonst noch fester mit der Faser verbinden.

✻ Speiseölflecken

Speiseöl betupft man vorsichtig mit verdünntem Salmiakgeist und behandelt den Fleck dann mit Gallseife. Das Kleidungsstück daraufhin wie gewohnt in der Maschine waschen.

✻ Spinatflecken

Spinatflecken werden mit einer halben rohen Kartoffel eingerieben. Anschließend gut ausspülen.

✻ Stempelfarbe

Frische Flecken von Stempelfarbe reiben Sie mit Zitronensaft und Salz ein. Lassen Sie diese Mischung in Ruhe ins Gewebe eindringen und den Fleck lösen. Dann wird der Fleck gründlich mit einer Seifenlauge ausgewaschen. Eventuelle Reste entfernen Sie mit Gallseife. Die betroffene Stelle abschließend gründlich mit klarem, lauwarmem Wasser ausspülen.

Hartnäckige Flecken älteren Datums bearbeiten Sie mit Azeton und spülen sie im Anschluss mit Wasser aus, dem etwas Salmiakgeist beigemengt wurde. Diese Behandlung eignet sich jedoch weder für empfindliche Kleidungsstücke noch für Synthetikfasern. Das scharfe Mittel würde dafür sorgen, dass sich die Faser in Nichts auflöst.

Wichtig!
Für die Behandlung von Speiseeisflecken ist es wichtig zu wissen, ob es sich um Milch- oder Fruchteisflecken handelt.

❋ Stockflecken

Weist die Wäsche Stockflecken auf, weichen Sie sie für zwölf Stunden in Buttermilch ein, der ein kräftiger Schuss Essig beigefügt wurde. Dann waschen Sie die Wäsche wie üblich. Hartnäckige Stockflecken behandeln Sie mit einer Salmiakgeist-Salz-Lösung: Zehn Esslöffel Wasser mit je einem Esslöffel Samiakgeist und Salz vermischen. Flecken bearbeiten und das Kleidungsstück anschließend an der Luft trocknen lassen. Dann wie gewohnt waschen. Die Prozedur bei Bedarf wiederholen.

❋ Suppenflecken

Behandeln Sie Suppenflecken mit Seifenlauge aus Geschirrspülmittel und Wasser. Das Geschirrspülmittel wird das Fett aus dem Gewebe waschen. Ist der Suppenfleck bereits eingetrocknet, behandeln Sie ihn stattdessen mit Alkohol.

❋ Schmierölflecken

Reiben Sie Schmierölflecken dick mit Butter oder Margarine ein. Lassen Sie das Fett einige Zeit einwirken und nehmen Sie dann das restliche Fett mit einem Küchentuch ab. Das Kleidungsstück anschließend wie üblich waschen.

❋ Tee

Ist der Teefleck noch nicht zu lange im Gewebe, kann er ohne Probleme mit einer handwarmen Seifenlauge entfernt werden. Bei älteren Tee-flecken hat sich die Heißwasserbehandlung bewährt – vorausgesetzt der Stoff verträgt hohe Wassertemperaturen. Halten Sie den Fleck über dampfendes Wasser oder spannen Sie den Stoff über einen Eimer und gießen Sie aus etwa 30 Zentimeter Höhe kochendes Wasser auf den Fleck. Nützt das noch nichts, betupfen Sie die verschmutzte Stelle mit Glyzerin und waschen dann das Kleidungsstück mit viel lauwarmem, klarem Wasser aus.

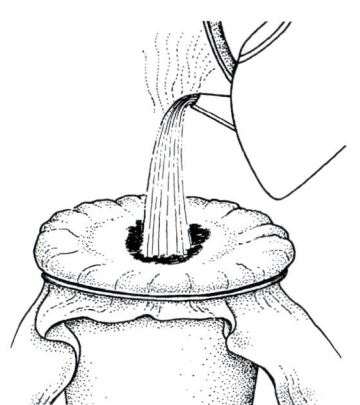

Mit kochend heißem Wasser verblassen auch hartnäckige Teeflecken. Vorsicht, dass Sie sich nicht verbrühen.

❋ Tee auf Damast

Haben sich Teeflecken auf Ihrem guten Damasttischtuch festgesetzt, können Sie ihnen durch vorsichtiges Betupfen mit warmem Alkohol an den Kragen gehen. Wenn diese Behandlung nicht sofort Wirkung zeigt, können Sie sie ohne weiteres mehrmals wiederholen.

Teerflecken an Händen und Füßen können Sie mit Butter problemlos entfernen. Pflegen Sie Ihre Hände oder Füße im Anschluss an diese Behandlung mit einer rückfettenden Seife und cremen Sie die Haut sorgfältig ein.

*Crêpe
Flecken von Crêpe-stoffen nur dann selbst entfernen, wenn sich der feine Stoff auch waschen lässt (in der Maschine oder von Hand).*

Tintenflecken an den Händen können Sie ganz einfach mit Zitronensaft entfernen. Anschließend die Hände gut eincremen.

❋ Teerflecken

Mit Fett und Wärme lassen sich Teerflecken ohne große Probleme entfernen. Reiben Sie den Fleck mit Butter oder Margarine ein und lassen Sie das Fett etwa zwölf Stunden einwirken. Nehmen Sie das Fett dann mit einem stumpfen Messer ab. Legen Sie eine dicke Lage Küchenpapier unter den Fleck und beträufeln Sie die entsprechende Stelle mit Alkohol oder Waschbenzin. Den Stoff dann vorsichtig mit einem warmen Bügeleisen behandeln. Eine andere Möglichkeit ist es, die Butter nach dem Einwirken mit einem Messer abzukratzen und den Fleck dann recht großzügig mit Mehl zu bestreuen. Eintrocknen lassen und dann gründlich, aber vorsichtig ausbürsten.

Handelt es sich um einen empfindlichen Stoff, bestreichen Sie ihn mit Eigelb, lassen dieses einwirken und spülen den Fleck dann mit reichlich klarem Wasser aus.

❋ Teerflecken auf Kochwäsche

Mit Teerflecken verschmutzte Kochwäsche behandeln Sie mit Terpentin. Danach wird die Wäsche gekocht.

❋ Tinte

Frische Tintenflecken beträufeln Sie gründlich mit Zitronensaft und spülen dann die verschmutzte Stelle mit klarem Wasser aus. Haben Sie keinen Zitronensaft im Haus, weichen Sie den Tintenfleck über Nacht in

Urinflecken
Urinflecken auf weißer Wäsche beträufeln Sie mit Zitronensaft oder hellem Essig. Lassen Sie das Mittel kurz einziehen; dann die Wäsche wie gewohnt waschen. An der frischen Luft trocknen lassen.

Milch ein. Am nächsten Morgen gründlich ausspülen.

Eingetrocknete, hartnäckige Tintenflecken werden mit einer Kleesalzpaste vertrieben. Dazu aus Kleesalz und heißem Wasser einen dicken Brei anrühren, diesen auf den Fleck auftragen und wenige Minuten einwirken lassen. Mit klarem Wasser gründlich ausspülen. Sind noch Tintenspuren zu entdecken, können Sie die Behandlung wiederholen.

❋ Tinte auf Wolle

Tintenflecken auf Wolle und in Wollstoffen können Sie mit Glyzerin entfernen. Dann die Stelle mit schwacher Seifenlauge auswaschen.

❋ Tintenstift

Tintenstiftflecken auf Kleidungsstücken entfernt man mit Spiritus.

❋ Tomatenflecken

Tomatenflecken müssen Sie sofort mit warmem Seifenwasser auswaschen. Anschließend mit klarem Wasser nachspülen. Oder Sie weichen die Kleidung in Sodalösung ein und waschen sie dann wie gewohnt in der Maschine.

❋ Tuscheflecken

Zeichentusche entfernt man mit Salz, Gallseife, heißem Zitronensaft oder Essig. Den Fleck vorsichtig mit der entsprechenden Flüssigkeit betupfen und anschließend mit Seifenlauge auswaschen.

✳ Urinflecken

Frische Urinflecken können mit kaltem Wasser ausgewaschen werden. Nach der Kaltwasserbehandlung waschen Sie das Kleidungsstück je nach Stoffart mit warmem oder sogar heißem Seifenwasser aus. Bei empfindlichen Stoffen sollten Sie auf Seifenzusatz verzichten und den Fleck nur mit lauwarmem Wasser entfernen. Reicht dies nicht aus, betupfen Sie die Stelle zusätzlich mit Weingeist.

✳ Vogeldreck

Entfernen Sie Vogeldreck am besten so schnell wie möglich durch Abkratzen. Danach weichen Sie die

Zahnpasta lässt sich nicht nur gut aus Textilien entfernen, sie kann auch ein hilfreicher Haushaltshelfer sein. So ist Zahnpasta zum Beispiel ein hervorragendes Reinigungsmittel für Klaviertasten.

Was Sie auf keinen Fall tun dürfen

- Lassen Sie den Fleck nicht erst eintrocknen, sondern entfernen Sie ihn so schnell wie möglich. Das erspart Ihnen viel Arbeit.

- Hektisches Herumreiben am Fleck imponiert dem Schmutz wenig, macht aber in fast allen Fällen die Sache noch viel schlimmer.

- Verwenden Sie kein warmes Wasser, wenn Sie nicht wissen, wodurch der Fleck entstanden ist. Enthält der Fleck nämlich Eiweißanteile, könnten diese gerinnen, wodurch der Fleck sich dauerhaft mit der Faser verbinden würde.

- Rücken Sie dem Fleck nicht zu Leibe, ohne vorher den groben Schmutz und feste Reste entfernt zu haben.

- Wagen Sie sich nicht an die »Operation Fleck-weg«, bevor Sie nicht an einer verdeckten Stoffstelle ausprobiert haben, ob Ihre Behandlung dem Stoff bekommt.

- Fleckenentfernungsmittel niemals in der Reichweite von Kindern stehen lassen. Selbst Geschirrspülmittel kann schlimme Schäden anrichten, wenn es in die Hände Ihres Kindes kommt.

- Stecken Sie das verschmutzte Stück nicht ohne Vorbehandlung in die Waschmaschine. Der »normale« Waschgang kann die wenigsten Flecken lösen.

- Reiben Sie nicht mit einem Zipfel des verschmutzten Kleidungsstücks an dem Fleck herum. Es könnte sein, dass der Fleck »abfärbt«.

- Starten Sie nicht gleich mit dem stärksten Fleckenentferner. Benutzen Sie erst einmal das mildeste Mittel. Sollten Sie damit kein Glück haben, versuchen Sie es mit einem stärkeren. Wichtig: Lassen Sie das angewandte Mittel erst seine Wirkung verlieren (nachspülen), bevor Sie ein stärkeres ausprobieren.

- Rücken Sie dem Fleck nie mit einem bunten Tuch zu Leibe. Es könnte sein, dass das Tuch nicht farbecht ist. Und dann müssen Sie sich außer mit dem Fleck auch noch mit Verfärbungen abmühen. Besser gleich ein weißes Tuch verwenden.

Wichtig!
Bewahren Sie alle Mittel zur Fleckenentfernung außer Reichweite von Kindern auf – selbst wenn es nur Seifenlösung ist.

Riechen Ihre
Hände nach der
Fleckenentfernung
schlecht? Reiben Sie
einfach etwas
Zahnpasta in die
trockenen Hände.
Kurz einwirken
lassen, nur ganz
leicht abspülen und
die Hände abtrock-
nen. Der Geruch ist
wie weggeblasen.

Wichtig!

Bevor Sie einem
Fleck zu Leibe
rücken, sollten
Sie Folgendes
wissen: Flecken-
entfernung
erfordert Geduld
und ein gewisses
Maß an Ruhe.
Auch wenn die
Zeit noch so
drängt – hektisch
an einem Fleck
herumzureiben
macht in der
Regel den
Schaden viel
schlimmer.

betroffene Stelle mit Essig oder
Zitronensaft ein. Nicht farbechte
Textilien werden mit Seifenlauge
behandelt. Ist der Schmutz bereits
eingetrocknet, hilft eine Salzwasserbehandlung.

✳ **Vogeldreck auf hellen Stoffen**
Bei weißen Stoffen heben Sie zuerst
mit einem Messer den aufliegenden
Schmutz ab. Dann die verfärbte
Stelle mit heißem Zitronensaft
behandeln. Will der Fleck immer
noch nicht weichen, bearbeiten Sie
ihn mit warmem Salmiakwasser.

✳ **Vogeldreck auf bunten Stoffen**
Kratzen Sie den Schmutz so schnell
wie möglich ab und behandeln Sie
die Überreste mit Waschbenzin.

✳ **Wachsflecken**
Wachsflecken mit Lösch- oder Zeitungspapier bedecken und mit dem
lauwarmen Bügeleisen so lange darüberbügeln, bis der Fleck von dem
Papier aufgesaugt ist. Das Papier
dabei immer wieder erneuern. Stoff
anschließend waschen.

✳ **Wagenschmiere**
Ist Wagenschmiere auf die Kleidung gelangt, bestreicht man den
Fleck großzügig mit Butter oder
Margarine. Kurz einwirken lassen
und das Fett anschließend mit sehr
viel lauwarmem Wasser ausspülen.
Danach die verschmutzte Stelle
mit Waschbenzin abreiben.

✳ **Wasserflecken**
Wasserflecken verschwinden, wenn
Sie ein feuchtes Tuch auf die betroffene Stelle legen und mit dem
heißen Bügeleisen darübergehen.

✳ **Wasserflecken auf Seide**
Wasserflecken auf Seide und Kunst-
seide verschwinden spurlos, wenn
Sie das gute Stück ganz in Wasser
tauchen – vorausgesetzt es verträgt
eine Wasserbehandlung. Ansonsten
in die Reinigung geben.

✳ **Weißwein**
Lassen Sie Weißweinflecken gar
nicht erst eintrocknen. Nehmen Sie
stattdessen mit einem Schwamm,
Haushaltstuch oder Küchenpapier so
viel Flüssigkeit wie möglich auf.
Dann bestreuen Sie den Fleck
großzügig mit Salz. Anschließend in
Seifenlauge auswaschen.

✳ **Zahnpasta**
Zahnpastaflecken lassen sich ganz
einfach wieder beseitigen, indem
man sie mit lauwarmem oder heißem
Wasser auswäscht.

✳ **Zementflecken**
Zementspritzer auf der Kleidung
unbedingt trocknen lassen; nie im
feuchten Zustand an den Flecken
reiben. Nach dem Trocknen abkratzen und den Stoff ausbürsten.
Leichte Fleckenreste reiben Sie dann
vorsichtig mit einem in Essigwasser
getauchten Waschlappen heraus.

❋ Zuckerflecken

Frische Zuckerflecken lassen sich problemlos mit heißem oder lauwarmem Wasser entfernen. Ältere Flecken behandelt man mit Glyzerin. Das Kleidungsstück damit betupfen; anschließend mit reichlich klarem, lauwarmem Wasser nachspülen.

Zucker- und salzhaltige Flecken sind in der Regel wasserlöslich. Bedenken Sie jedoch bei der Wahl eines Fleckenmittels, dass auch andere Stoffe im Fleck enthalten sein können, beispielsweise pflanzliche oder künstliche Farbstoffe.

Das sollten Sie beim Fleckenentfernen beachten

- Versuchen Sie einen Fleck mit dem richtigen Mittel so früh wie möglich zu entfernen. Wenn es die Situation erlaubt, entfernen Sie Flecken sofort, ohne sie erst eintrocknen zu lassen.

- Entfernen Sie, bevor Sie dem Fleck auf die Faser rücken, zuerst den groben Schmutz ganz vorsichtig. Am besten heben Sie mit einem Messer den Schmutz ab. Trockenen Schmutz abbürsten oder wegpusten.

- Wenn Sie einen Fleck auf einem kostbaren oder empfindlichen Stoff entfernen müssen, sollten Sie zuerst die so genannte Saumprobe machen. Das heißt, Sie probieren Ihr Behandlungsmittel erst einmal an einer nicht sichtbaren Stelle aus, zum Beispiel am Saum.

- Beginnen Sie immer mit dem sanftesten Mittel. Erst wenn Sie damit keinen Erfolg haben, ergreifen Sie »härtere« Behandlungsmethoden.

- Legen Sie zur Fleckenentfernung immer ein sauberes, saugfähiges Tuch unter den Fleck, zum Beispiel ein Frotteehandtuch, ein Geschirrhandtuch oder einige Lagen Küchenpapier. So kann der gelöste Schmutz von der Unterlage aufgesaugt werden. Wurden schon Flecksubstanzen von der Unterlage aufgesaugt, verschieben Sie das Tuch oder wechseln es aus. Die aufsaugende Stelle muss immer absolut sauber sein, sonst transportieren Sie den Fleck wieder ins Gewebe zurück.

- Wenn Sie den Fleck bearbeiten, schieben Sie die Fasern immer ein wenig auseinander. So kann das Fleckenmittel besser in das Gewebe eindringen. Diese Prozedur geht besonders einfach, wenn Sie das Mittel mit einem Pinsel (kurze, harte Borsten) aufklopfen. Dadurch wird die Faser gelockert.

- Müssen Sie kleinere Flecken einweichen, nehmen Sie dazu am besten einen tiefen Teller oder eine kleine Schüssel.

- Nach der Fleckenbehandlung sollte die betroffene Stelle gründlich ausgespült werden, vorausgesetzt der Stoff verträgt Wasser. Noch besser: Das gute Stück sofort wie gewohnt waschen.

- Wurde nur die verschmutzte Stelle ausgewaschen, trocknen Sie das Gewebe vorsichtig mit einem Fön. Immer von außen nach innen fönen, so entstehen keine häßlichen Wasserränder.

*Einreiben
Jeden Fleck von außen nach innen behandeln. Nur so kann man verhindern, dass er in der Faser verläuft und so noch größer wird als davor.*

*Gewöhnliche Ta-
felkreide ist ein
hervorragendes
Mittel gegen Fett-
flecken. Man zer-
reibt sie im Mörser
zu feinem Pulver
und verteilt dieses
gleichmäßig auf
dem Fleck. Ein-
wirken lassen und
wieder abpusten
bzw. das Klei-
dungsstück aus-
schütteln.*

FLECKENAPOTHEKE

✳ Bohnenwasser

Das ungesalzene Kochwasser weißer
Bohnen kann viele hartnäckige
Flecken beseitigen. Es ist so sanft,
dass es auch bei empfindlichen Stoffen eingesetzt werden kann.

✳ Borax

Borax ist ein überaus sanftes Mittel
zum Reinigen und Fleckenentfernen.
Es hat sogar in der Schönheitspflege
seinen Platz, weil Borax kalkhalti-
ges, hartes Wasser in weiches zu
verwandeln vermag.

✳ Brotrinde

Brotrinde kann so manchen Fleck
beseitigen. Ob es bereits genügt, den
Fleck mit Brotrinde herauszureiben,
ist immer einen Versuch wert.
Zumal Brot den Stoff nicht beschädigt und die Farbe nicht bleicht.

✳ Butter-Eigelb-Mischung

Es klingt paradox – sind es doch
gerade Butter und Eigelb, die hartnäckige Flecken verursachen können.
Und doch können diese beiden Nah-
rungsmittel alte Flecken erweichen.

✳ Essig

Ob pur oder verdünnt – Essig ist
nicht nur ein ideales Fleckenwasser,
sondern auch ein hervorragendes
Pflegemittel für bunte Wäsche.
Denn der Essig frischt die Farben
wunderbar auf.

Salzwasser
*Kaltes Salzwasser
ist eines der ein-
fachsten Flecken-
wasser. Es entfernt
beispielsweise
Bier- und frische
Blutflecken.*

✳ Gallseife

Ein stoffschonendes Fleckenmittel,
das aus Seife und Ochsengalle besteht.
Vor dieser Mischung kapituliert selbst
der hartnäckigste und älteste Fleck.

✳ Glyzerin

Entfernt Flecken auf die sanfte Art
und weicht alte, hartnäckige Verschmutzungen auf. Nach der
Behandlung gut nachspülen.

✳ Kartoffelwasser

Das ungesalzene Kochwasser von
Kartoffeln erzielt selbst bei hartnäckigen Flecken äußerst erstaunli-
che Erfolge. Dabei ist das Kartoffelwasser so sanft zur Kleidung, dass
auch empfindliche Stoffe damit
behandelt werden dürfen.

✳ Mehl

Mehl hat fast jeder im Haus, und
somit ein hervorragendes Erste-Hilfe-Mittel bei Fettflecken.

✳ Milch

Das weiße Kraftgetränk tut nicht nur
dem Körper gut, es kann auch hoch-
empfindliche Stoffe ganz schonend
entflecken. Die Flecken werden in
frische Milch eingelegt, bis diese
sauer ist. Wer es eilig hat, nimmt
gleich Buttermilch oder saure Milch.
Damit die Milchbehandlung keine
Flecken hinterlässt, wäscht man die
mit Milch behandelten Kleidungsstücke zum Schluss zuerst kalt, dann
handwarm aus.

❋ Natron

Natron eignet sich hervorragend als »Löschblatt« für Fettflecken. Es wird später einfach ausgebürstet.

Bei Fettflecken eine gleichmäßige Schicht Stärke aufpudern. Das geht am besten mit einem kleinen Haarsieb.

❋ Salmiak

Salmiakgeist darf nur verdünnt angewandt werden, da er ein scharfes Lösungsmittel ist. Wenn Sie mit Salmiakgeist Flecken entfernen, sollten Sie Folgendes beachten: Der Salmiakgeist reizt Augen, Atmungsorgane und Haut. Meiden Sie deshalb das Einatmen der Dämpfe (am besten an der frischen Luft arbeiten) sowie den Hautkontakt (Schutzhandschuhe verwenden).

❋ Salz

Salz hat sich besonders als Rotweinfleckenentferner ausgezeichnet bewährt. Aber auch bei der Beseitigung von Fettflecken leistet Salz gute Dienste. Löst man Salz in Weingeist, erhält man ein hervorragendes Allzweck-Fleckenwasser.

❋ Spiritus

Seifenspiritus oder reiner Spiritus haben sich als Fleckenwasser bei den unterschiedlichsten Verschmutzungen bestens bewährt.

❋ Stärke

Stärke ist genau wie Mehl ein hervorragendes Mittel, um Fettflecken aus Stoffen herauszusaugen. Der Fleck wird dann ausgebürstet.

❋ Terpentin

Öl- und auch Lackflecken lassen sich fast nur mit Terpentinöl entfernen. Dieses Fleckenmittel sollte jedoch stets nur sehr sparsam und vorsichtig angewendet werden. Denn Terpentinöl kann die Haut reizen und die Dämpfe können zu Benommenheit führen. Deshalb unbedingt Hautkontakt vermeiden und die Dämpfe nicht einatmen. Arbeiten Sie möglichst nur im Freien.

❋ Weingeist

Genau wie Spiritus ist Weingeist ein wichtiges Fleckenmittel, das gegen eine Vielzahl von Verschmutzungen erfolgreich eingesetzt werden kann.

❋ Zitrone

Der Saft der Zitrone lehrt nicht nur Flecken das Fürchten, er ist auch ein sehr sanftes Wäschebleichmittel.

Immer auf der Rückseite des Kleidungsstückes mit der Fleckenentfernung beginnen. Erst dann das Stück wenden und auf der Vorderseite bearbeiten.

> **Wichtig!**
>
> *Das Läppchen, mit dem das Fleckenwasser aufgetragen wird, muss weiß sein oder die Farbe des zu behandelnden Stoffes haben. Sonst kann es zu Verfärbungen kommen.*

Schönes Leder

Leder ist eigentlich recht unempfindlich und strapazierfähig. Was Lederkleidung, Schuhe oder Taschen alles vertragen und wie gut sie sich von kleinen Missgeschicken wieder erholen, hängt dabei jedoch nicht nur von der Qualität, sondern auch von der Art des Leders ab. Egal, ob rau oder glatt: Für jedes Problem gibt es das richtige Mittel.

FLECKENKUNDE

✽ Alkoholflecken

Alkoholhaltige Flecken werden mit Lederwaschkonzentrat problemlos beseitigt. Das Konzentrat nach Packungsvorschrift verdünnen und den Fleck damit abwischen.

✽ Blutflecken

Blutflecken entfernen Sie am besten mit einem Lederwaschkonzentrat. Verdünnen Sie das Konzentrat nach Beschreibung und waschen Sie den Fleck damit nass ab.

✽ Eisflecken

Eisflecken wischt man mit Lederwaschkonzentrat ab. Nach Packungsanweisung verdünnen. Einen Lappen in das Konzentrat tauchen, auswringen und den Fleck mit dem beinahe trockenen Tuch abwischen.

✽ Fettflecken

Fettflecken auf glattem Leder lassen sich mit Lederwaschkonzentrat schnell beseitigen. Nach Anweisung verdünnen und den Fleck damit nass abwischen.

Weißes Leder
Weiße Ledersachen werden mit Milch und Eiweiß wieder fast wie neu. Mischen Sie Milch und Eiweiß zu gleichen Teilen und tragen Sie die Lösung mit einem weißen, weichen Tuch vorsichtig auf das Leder auf. Anschließend gut abreiben.

✽ Fettflecken auf Veloursleder

Bei Fett- oder Ölflecken auf Veloursleder sollten Sie sofort zu Kreide greifen. Einfache Tafelkreide zu Pulver zerstoßen, das Kreidepulver auf den Fettfleck geben und einwirken lassen. Die Kreide bindet dabei das Fett und saugt den Fleck aus dem Leder heraus. Die Kreide lässt sich später problemlos wieder abbürsten. Ältere Fettflecken lassen sich mit Eiweiß beseitigen. Das Eiklar zu steifem Schnee schlagen und den Fleck damit abreiben. Mit klarem Wasser nachwischen.

Bevor die Tafelkreide auf den Fettfleck aufgetragen wird, muss sie zu feinem Pulver zerdrückt werden.

❋ Kugelschreiber auf Velours

Ist Veloursleder mit Kugelschreiber-strichen »verziert«, kleben Sie durch-sichtiges Klebeband auf den Fleck. Das Band fest andrücken und den Klebestreifen wieder abziehen. Alle Reste mit Veloursstein wegradieren.

❋ Milchflecken

Milchflecken werden nass mit Lederwaschkonzentrat weggewischt. Das Lederkonzentrat vorher nach Packungsanleitung verdünnen.

❋ Tintenflecken

Frische Tintenflecken bestreuen Sie sofort mit Backpulver. Das Backpul-ver saugt die Tinte auf. Wiederholen Sie die Behandlung so oft, bis sich der Tintenfleck in Luft aufgelöst hat.

❋ Zuckerflecken

Flecken, die durch zuckerhaltige Lebensmittel verursacht wurden, entfernen Sie am einfachsten mit lauwarmem Wasser.

GÜRTEL

❋ Farbige Gürtel

Bei bunten Ledergürteln jede Behandlung mit Schmierseife ver-meiden, da die Farbe stark leiden könnte. Reiben Sie farbige Gürtel stattdessen mit heißem Wasser ab, in dem etwas Hirschhornsalz gelöst wurde. Zum Schluss wird der Gür-tel mit Eiweiß abgerieben, damit er wieder schön glänzt.

❋ Schmutzige Gürtel

Helle Ledergürtel, die durch häufi-ges Tragen schmuddelig geworden sind, reinigen Sie mit unverdünnter Schmierseife. Etwas Schmierseife auf einen Lappen geben, den Gürtel abreiben und mit warmem Wasser abspülen. Anschließend den Gürtel mit einem weichen Tuch trocken-polieren. Ein so behandelter Gürtel sieht wieder aus wie neu.

❋ Weiße Ledergürtel

Weiße Ledergürtel, die mit den Jah-ren an Schönheit eingebüßt haben, bekommen eine Verjüngungskur mit Eiweiß. Eiweiß schlagen, mit etwas Milch verrühren und den Gürtel mit diesem Gemisch gründlich abreiben. Anschließend mit einem Wolltuch trockenpolieren. Sie werden vom Ergebnis überrascht sein.

HANDSCHUHE

❋ Enge Handschuhe

Sind Ihnen Ihre Lederhandschuhe zu eng, können Sie sie mit einem ganz einfachen Trick wieder passend machen. Handschuhe in ein feuchtes Tuch wickeln und einige Stunden so liegen lassen; dann anziehen.

❋ Fleckige Handschuhe

Sind Ihre Lederhandschuhe ver-fleckt, reiben Sie die Flecken zuerst mit Brotkrümeln ab. Eventuelle Reste werden mit Lehmpulver und Alaun beseitigt.

Nappaleder ist mit seiner glatten Oberfläche we-sentlich unemp-findlicher als Veloursleder. Be-kommt es doch ein-mal einen Fleck, kann Lederwasch-seife rasch helfen. Die Seife zum Schäumen bringen und die Schmutz-stelle damit bear-beiten, ohne dass das Leder durch-feuchtet wird. Anschließend mit Nappa-Spezialfett einreiben.

> **Wichtig!**
> Lederkleidung aus glattem Leder nach dem Tragen immer mit einem weichen Wolllappen abreiben.

Leder nie auf oder neben der Heizung trocknen lassen, es wird dadurch hart und spröde. Auch direktes Sonnenlicht muss vermieden werden. Es kann die Farbe des Leders schnell verändern.

✳ Glacéhandschuhe lockern

Durch Handschweiß werden Glacéhandschuhe mit der Zeit ein wenig widerspenstig und verlieren ihre Geschmeidigkeit. Bestreuen Sie sie einfach innen mit etwas Talkumpuder. Sie werden sehen, die Handschuhe gleiten wieder ohne Probleme über Ihre Hände.

Damit Glacéhandschuhe auch innen wieder schön weich werden, streut man Talkumpuder hinein.

✳ Glacéhandschuhe reinigen

Diese edlen Handschuhe aus dem Leder junger Schafe oder Ziegen sind überaus weich und dehnbar. Aber das zarte Leder möchte auch besonders gepflegt werden. Zum Reinigen farbiger Glacéhandschuhe geben Sie etwas Waschbenzin in eine Schüssel und drücken darin die Handschuhe aus. Färbt sich das Benzin sehr dunkel, wiederholen Sie den Vorgang noch einmal mit sauberem Waschbenzin. Nach der Reinigung werden die Handschuhe mit weißen Frottierhandtüchern vorsichtig trockengerieben. Solange sie noch feucht sind, werden sie dann mit Glyzerin eingerieben. Durch diese Behandlung bleiben die Handschuhe herrlich weich und geschmeidig. Helle Glacéhandschuhe säubern Sie in einer Milch-Seifenlösung. Erhitzen Sie etwas Milch und lösen Sie darin Schmierseife auf. Verfeinern Sie die Reinigungslösung mit einem Eigelb und zwei bis drei Tropfen Salmiakgeist. Ziehen Sie sich die Handschuhe an und waschen Sie jeweils die eine mit der anderen Hand. Zum Abschluss der Reinigung spülen Sie die Handschuhe in sauberem lauwarmem Wasser aus und hängen sie zum Trocknen auf.

✳ Glacéhandschuhe trocknen

Wenn Sie Glacehandschuhe an der frischen Luft trocknen, achten Sie darauf, dass sie nicht in der prallen Sonne hängen. Das bekommt dem Leder nämlich überhaupt nicht.

✳ Glacéhandschuhe weiten

Sind die Glacéhandschuhe beim Waschen zu eng oder aus der Form geraten, können Sie sie mit einem einfachen Trick wieder tragbar machen: Die Handschuhe in ein feuchtes (aber nicht nasses) Tuch wickeln. Die Feuchtigkeit einige Zeit wirken lassen und die Handschuhe dann über die Hände ziehen. Die feuchten Handschuhe an den Händen trocknen lassen.

✳ Hartes Leder

Sind Lederhandschuhe hart geworden, reiben Sie sie mit Rizinusöl ab. Ihre Handschuhe werden wieder wunderbar weich.

✳ Nasse Handschuhe

Sind Ihre Lederhandschuhe nass geworden, dürfen Sie sie auf keinen Fall auf die Heizung legen. Durch diese Hitze schrumpft das Leder und wird hart wie ein Brett.

✳ Schutz vor Feuchtigkeit

Wer schnell feuchte Hände bekommt, kann das Durchschwitzen der Handschuhe verhindern, indem er Talkumpuder hineinpudert.

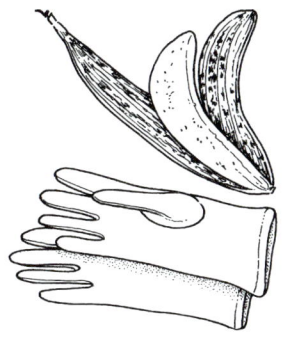

Lederhandschuhe glänzen wieder wie neu, wenn man sie mit der weißen Innenseite einer Bananenschale einreibt.

✳ Stumpfe Handschuhe

Stumpfe und unansehnliche Lederhandschuhe glänzen schnell wieder, wenn sie mit der Innenseite einer Bananenschale abgerieben werden.

✳ Weiße Handschuhe

Weiße Handschuhe werden wieder schön, wenn sie mit Mehl eingerieben und dann ausgebürstet werden.

✳ Wildlederhandschuhe reinigen

Wildlederhandschuhe können mit Salmiakwasser gereinigt werden (fünf Teile Wasser, ein Teil Salmiakgeist). Nach dieser Behandlung werden die Handschuhe erst in lauwarmer Schmierseifenlauge, dann in warmem Wasser gewaschen, dem etwas Soda beigefügt wurde.

JACKEN UND MÄNTEL

✳ Flecken beseitigen

Kleinere Schmutzflecken benötigen keine Seifenbehandlung. Sie können ohne Probleme mit Essigwasser beseitigt werden. Geben Sie einen kleinen Schuss Essig in handwarmes Wasser und reiben Sie den Schmutzfleck mit einem sauberen Schwamm ab.

✳ Polieren

Nach dem Reinigen und Trocknen werden Jacke und Mantel mit Rizinusöl eingerieben, damit das Leder geschmeidig bleibt. Lassen Sie das Öl gut einziehen und polieren Sie das Kleidungsstück dann mit einem weichen Wolltuch nach.

✳ Reinigung

Lederjacke oder Ledermantel werden durch eine Seifenlösung wieder ganz sauber. Stellen Sie eine Lauge aus

Leicht verschmutztes Antikleder nur feucht abwischen und anschließend mit einer speziellen Ledercreme einreiben. Flecken nicht selbst entfernen, sondern das gute Stück in die Reinigung geben.

Waschleder
Schmutziges Waschleder in reichlich Schmier- oder Kernseifenlauge einweichen. Weder reiben noch wringen, sondern nur sacht hin- und herbewegen. Kurz mit klarem Wasser nachspülen und zum Trocknen in ein Frottierhandtuch einrollen.

warmem Wasser und Seifenflocken her und verfeinern Sie sie mit etwas Salmiakgeist. Mit dieser Reinigungslösung reiben Sie das Leder kräftig ab. Lassen Sie das gute Stück bei normaler Wärme trocknen. Nicht direkt neben oder sogar auf der Heizung trocknen, sonst wird das Leder brüchig.

SCHUHE

✳ Altes Lackleder polieren
Alte Lacklederschuhe glänzen wieder, wenn man sie mit einer frisch angeschnittenen Zwiebel abreibt und anschließend mit einem sehr weichen Lappen poliert.

✳ Brokatschuhe reinigen
Bei verschmutzten Brokatschuhen zuerst den groben Dreck entfernen. Anschließend die Flecken mit Weingeist abtupfen.

✳ Fleckige Lederschuhe
Sind Ihre Schuhe durch Flecken unansehnlich geworden, reiben Sie sie mit einer halben Zwiebel ab. Anschließend werden die Schuhe mit einem weichen Lappen nachpoliert, sie sehen dann wieder aus wie neu.

✳ Glänzende Lacklederschuhe
Lacklederschuhe behalten ihren schönen Glanz, wenn man sie alle vier Wochen erst mit rohem Eiweiß und dann mit Wachs einreibt.

✳ Glanzleder
Glanzleder wird mit einer Mischung aus je einem Teil Lanolin und Rizinusöl wieder wie neu. Niemals Lederfett verwenden, denn das Lackleder lässt sich dann nur sehr schwer wieder blank polieren.

Rizinusöl bringt Schuhe aus Glanzleder wieder zum Strahlen. Es wird mit einem weichen Lappen eingerieben.

✳ Helle Lederschuhe
Statt mit Schuhcreme sollten Sie helle Lederschuhe in regelmäßigen Abständen mit Milch reinigen. Einfach etwas Milch auf ein Schwämmchen geben und den Schuh vorsichtig einreiben. Anschließend mit einem weichen Tuch nachpolieren.

✳ Hochglanz
Glattlederschuhe bringt man mit einer Polierbürste oder einem weichen Tuch auf Hochglanz. Gut geht das auch mit einem ausgedienten Nylonstrumpf: Über ein Tuch ziehen und den Schuh abreiben.

❋ Kalbslederschuhe trocknen

Will man Kalbslederschuhe nach einem Spaziergang im Regen oder nach einer feuchten Reinigung trocknen, stopft man die Schuhe mit Zeitung aus und lässt sie langsam trocknen. Nie auf die Heizung stellen, da das Leder sonst brüchig wird.

❋ Lackschuhe polieren

Haben Lackschuhe ihren schönen Glanz verloren, reiben Sie sie mit ungekochter Milch ab. Anschließend werden die Schuhe mit einem weichen Lappen poliert. Die Schuhe glänzen dann wie neu.

❋ Lackschuhe reinigen

Lackschuhe mögen keine Schuhcreme. Sie erhalten einen wunderbaren Glanz, wenn sie mit Schmierseifenlösung geputzt werden. Das schont nicht nur die Schuhe, sondern auch Ihren Geldbeutel.

❋ Nasse Schuhe

Sind Ihre Schuhe nass geworden, stopfen Sie sie mit Zeitungspapier aus und stellen Sie am besten auf einen Holzrost, damit sie auch von unten Luft bekommen. Auf keinen Fall dürfen Sie die Schuhe an die Heizung stellen. Durch die intensive Wärme kann das Leder brüchig werden.

❋ Regenflecken

Sind Ihre Wildlederschuhe nass geworden und haben Regenflecken abbekommen, sollten sie mit ganz feinem Sandpapier behandelt werden. Vorsichtig über die Flecken schmirgeln und die Schuhe sind schnell wieder fleckenlos und schön. Auch eine grobe Wurzelbürste leistet statt des Schleifpapiers gute Dienste.

❋ Schmutzstreifen

Helle Lederschuhe, die mit leichten Schmutzstreifen verunziert sind, reinigen Sie mit einem weichen, nicht schmierenden Radiergummi.

❋ Schneeränder entfernen

Schneeränder an Wildlederschuhen entfernt man mit Salz. Man feuchtet die Ränder an und reibt sie mit dem Salz ein. Eine Stunde stehen lassen, anschließend abbürsten.

❋ Segeltuchschuhe reinigen

Verschmutzte Segeltuchschuhe schrubben Sie mit einer Zahnbürste und etwas Teppichshampoo ab. Danach die Schuhe trockentupfen und an einem luftigen Ort trocknen lassen. Damit die Schuhe recht lange in Form bleiben, werden sie nach dem Trocknen mit Wäschestärke behandelt. Dazu die Schuhspitzen mit Zeitungs- oder Haushaltspapier ausstopfen und mit einem Schwämmchen etwas verdünnte Wäschestärke auf die Schuhspitze auftragen.

❋ Verjüngungskur

Ältere Wildlederschuhe werden wieder wie neu, wenn sie mit Dampf behandelt werden. Schuhe

Lackschuhe sollten nicht in der Nähe der Heizung getrocknet werden. Das Leder könnte sonst brüchig werden. Wenn Sie Lackschuhe in der kalten Jahreszeit anziehen, sollten Sie sie vor dem Anziehen leicht anwärmen. So verhindern Sie, dass der Lack bricht.

Wichtig!

Behandeln Sie neue Schuhe vor dem ersten Tragen mit Pflegemitteln. Sie sind so vor Verunreinigungen und Feuchtigkeit geschützt und bleiben länger schön.

Neue oder neu besohlte Schuhe haben oft sehr glatte Sohlen. Damit Sie nicht ausrutschen, sollten Sie die Schuhsohlen mit etwas Schmirgelpapier behandeln. Haben Sie kein Schmirgelpapier zur Hand, können Sie auch eine rohe Kartoffel nehmen. Die Kartoffel halbieren und die Sohle mehrmals kräftig abreiben.

mit einer Lederbürste reinigen und dann über einen Kochtopf mit kochendem Wasser halten. Dadurch richtet sich der Flor wieder auf. Wenn Sie die Schuhe jetzt noch mit einer weichen Bürste immer in eine Richtung bürsten, sehen sie nach dem Trocknen (nicht auf der Heizung) wieder wie neu aus.

✳ Wasserdichte Schuhe

Wenn Sie schnell nasse Füße bekommen, können Sie Ihre Schuhe mit einer einfachen Methode schnell »dicht« bekommen. Stellen Sie eine dicke Seifenlauge her und bearbeiten Sie die Schuhe damit mehrmals und äußerst großzügig. Schuhe dann gut trocknen lassen. Auf diese Weise werden die Schuhe nicht nur wasserdicht, man sieht auch Wasserränder weniger stark.

✳ Wasserränder

Häßliche weiße Wasser- und Schneeränder auf Lederschuhen verschwinden durch eine Essigkur. Die feuchten Schuhe mit kaltem Essigwasser abreiben (ein Esslöffel Essig auf ein Glas Wasser). Schuhe dann mit Zeitungspapier ausstopfen und an einem luftigen Platz trocknen lassen. Anschließend gut mit Schuhcreme einreiben.

✳ Weiße Stoffschuhe

Weiße Stoffschuhe sehen oft schon nicht mehr sauber aus, wenn sie nur zwei- oder dreimal getragen wurden. Mit Milch und Kreide werden sie wieder wunderbar weiß. Kreide zerreiben und mit Milch zu einem dicken Brei anrühren. Auf die Schuhe auftragen, trocknen lassen und ausbürsten.

Nasse Ränder
Nasse Ränder an Lederschuhen entfernen Sie am besten mit einer Mischung aus Milch und Essig. Die Ränder einfach vorsichtig wegreiben. und mit einem feuchten Tuch nachbehandeln. Schuhe trocknen lassen und dann eincremen.

Pflege und Glanz für Glattlederschuhe

1. Vor der Reinigung die Schuhe abbürsten und von grobem Schmutz befreien.
2. Die Schuhe gründlich mit Sattelseife (vom Schuster) einseifen.
3. Die Schuhe fest mit Zeitung ausstopfen und langsam trocknen lassen.
4. Die Sohle mit farbloser Schuhcreme einreiben und den Sohlenrand mit farblich passender Schuhcreme behandeln.
5. Das Oberleder der Schuhe mit Schuhcreme in der dem Leder entsprechenden Farbe eincremen; trocknen lassen.
6. Die Schuhe mit einer weichen Schuhbürste, einem weichen Lappen oder einem über die Hand gezogenen Nylonstrumpf auf Hochglanz polieren.

Für eine Extraportion Glanz: Ein Tuch erst in Schuhcreme, dann in Wasser tauchen und den geputzten Schuh damit in kreisenden Bewegungen einreiben. Nach 24 Stunden mit einer weichen Bürste kräftig polieren.

✳ Wasserfeste Gummistiefel

Gummistiefel bleiben lange wasserfest, wenn man sie regelmäßig mit Glyzerin einreibt. Innen ab und zu Talkumpuder einstreuen.

✳ Wildlederschuhe pflegen

Wildleder muss regelmäßig gesäubert werden. Am besten verwendet man dazu ein Spezialtuch, das die leicht raue Oberfläche nicht glättet, sondern den Flor wieder aufrichtet. Besonders gut geeignet für die Pflege von Wildlederschuhen sind ganz spezielle Gummibürstchen oder ein weicher Gummiklotz. Beide Artikel sind im Schuhgeschäft erhältlich.

✳ Wildlederschuhe reinigen

Wildlederschuhe kann man mit einer Lauge aus Feinwaschmittel und lauwarmem Wasser reinigen. Danach reibt man die Schuhe mit kaltem Wasser ab und tupft sie mit einem Tuch trocken. Die Schuhe mit Zeitungspapier ausstopfen und langsam trocknen lassen. Erst wenn sie vollkommen durchgetrocknet sind, behandelt man sie gründlich mit einer Velourslederbürste.

✳ Ziegenlederschuhe reinigen

Ziegen- und Hirschlederschuhe müssen regelmäßig mit einer Spezialbürste gut ausgebürstet werden, um Staub und trockenen Schmutz zu entfernen. Hartnäckigere Flecken kann man vorsichtig mit sehr feinem Sandpapier entfernen.

Taschen

✳ Lackledertaschen

Handtaschen aus Lackleder sollten Sie in regelmäßigen Abständen mit Vaseline abreiben. So bleibt das Leder geschmeidig.

✳ Mattes Lackleder

Ist das Leder Ihrer Lacktasche matt und unansehnlich geworden, peppen Sie es mit einer Bananenschale wieder auf. Einfach die Handtasche mit der Innenseite einer Bananenschale einreiben und anschließend mit einem weichen Tuch polieren.

✳ Saubere Handtasche

Lederhandtaschen werden mit einer Mischung aus ungekochter Milch und wenigen Tropfen Terpentinöl wieder herrlich sauber. Reiben sie die Handtasche mehrmals ab.

✳ Schwarze Handtaschen

Schwarze Handtaschen, deren Leder mit der Zeit stumpf geworden ist, erhalten neuen Glanz durch eine Zitronenbehandlung. Die Tasche einfach vollständig mit etwas Zitronensaft abreiben und anschließend mit einem weichen Tuch polieren.

✳ Stumpfes Lackleder

Hat eine Lacklederhandtasche blinde Stellen, reibt man diese mit einer frisch aufgeschnittenen Zwiebel ab. Anschließend das Leder mit einem weichen Wolltuch polieren.

Damit Ihre Schuhsohlen recht lange halten, sollten Sie sie in gewissen Abständen mit Rizinusöl bestreichen.

Wichtig!
Reiben Sie Ihre Schuhe nach dem Tragen immer mit einem trockenen Schwamm ab, dann bleiben sie lange Zeit wie neu.

Grau ist jede Theorie? Von wegen!

An Waschmittel werden heutzutage überaus hohe Anforderungen gestellt. Die Miniperlchen sollen schließlich nicht nur das Gewebe rein waschen. Sie sollen es auch schonen, die Waschmaschine nicht angreifen, das Wasser enthärten, die Wäsche blütenweiß waschen und die Farbe bunter Wäsche bewahren und auffrischen. Im Folgenden erfahren Sie mehr über die wichtigsten Inhaltsstoffe.

ETIKETTENKUNDE

Bevor Kleidungsstücke oder andere Textilien wie beispielsweise Vorhänge oder Polsterbezüge gewaschen werden, sollte man erst einmal einen Blick auf das eingenähte Pflegeetikett werfen. Dort erhält man nämlich nicht nur Auskunft darüber, aus welchem Material das Stück hergestellt wurde. Man kann anhand der verschiedenen Angaben auch ganz genau ablesen, auf welche Art der Stoff gereinigt werden kann, ohne dass er dabei Schaden nimmt.

Für das ungeübte Auge lässt sich das Etikett jedoch nicht immer auf Anhieb entziffern. Was man alles mit dem Kleidungsstück tun darf und was nicht erschließt sich nur demjenigen, der die verschiedenen Pflegesymbole zu deuten vermag. Dankenswerterweise haben sich die Hersteller geeinigt: Damit es bei den Kunden keine Verwirrungen gibt, sind die Symbole weltweit einheitlich gestaltet.

Bügeln
Baumwolle und Leinen immer sehr heiß bügeln, damit sie glatt werden. Die Wäsche sollte stets bügelfeucht sein. Nur wenn Sie ein Dampfbügeleisen benutzen, können Sie sich das Einsprengen der Wäsche ersparen.

PFLEGESYMBOLE

❋ **Bügeln**
Das kleine Bügeleisen auf dem Pflegeetikett verrät, wie heiß man das Wäschestück bügeln kann. Die eingezeichneten Punkte entsprechen denen auf dem wirklichen Bügeleisen und informieren Sie über die maximal erlaubte Bügeltemperatur.
Drei Punkte: Heiß bügeln (Leinen, Baumwolle).
Zwei Punkte: Nur mäßig heiß bügeln (beispielsweise Seide, Wolle, Viskose). Am besten schützen Sie den Stoff beim Bügeln mit einem feuchten Tuch.
Ein Punkt: Nur bei niedrigen Temperaturen bügeln (Azetat, Polyacryl und Polyamid). Diese Textilien werden entweder von links oder durch ein schützendes, trockenes Tuch gebügelt.
Ist das Bügeleisen auf dem Etikett durchgestrichen, darf das Kleidungsstück auf gar keinen Fall gebügelt werden, da es sonst beschädigt wird.

Symbole für die Pflegebehandlung von Textilien

WASCHEN
(Waschbottich)

95°C	95°C	60°C	60°C	40°C	40°C	40°C	30°C	Handwäsche	nicht waschen
Normal-wasch-gang	Schon-wasch-gang	Normal-wasch-gang	Schon-wasch-gang	Normal-wasch-gang	Schon-wasch-gang	Spezial-Schon-wasch-gang	Schon-wasch-gang	Hand-wäsche	nicht waschen

Die **Zahlen** im Waschbottich entsprechen den **maximalen Waschtemperaturen,** die nicht überschritten werden dürfen. – Der **Balken** unterhalb des Waschbottichs verlangt nach einer (mechanisch) **milderen Behandlung** (zum Beispiel Schongang). Er kennzeichnet Waschzyklen, die sich zum Beispiel für pflegeleichte und mechanisch empfindliche Artikel eignen.

CHLOREN
(Dreieck)

Chlorbleiche möglich	Chlorbleiche nicht möglich

BÜGELN
(Bügeleisen)

heiß bügeln	mäßig heiß bügeln	nicht heiß bügeln	nicht bügeln

Die Punkte kennzeichnen die Temperaturbereiche der Reglerbügeleisen.

CHEMISCH-REINIGUNG
(Reinigungstrommel)

Ⓐ	Ⓟ	Ⓟ	Ⓕ	Ⓕ	keine Chemisch-reinigung möglich

Die **Buchstaben** sind für den Chemischreiniger bestimmt. Sie geben einen Hinweis auf die in Frage kommenden **Lösemittel.**
Der **Balken** unterhalb des Kreises verlangt bei der Reinigung nach einer **Beschränkung** der mechanischen Beanspruchung, der Feuchtigkeitszugabe und der Temperatur.

TUMBLER-TROCKNUNG
(Trockentrommel)

Trocknen mit normaler thermischer Belastung	Trocknen mit reduzierter thermischer Belastung	Trocknen im Tumbler nicht möglich

Die Punkte kennzeichnen die Trocknungsstufe der Tumbler (Wäschetrockner).

Ganz gleich, ob Ihr Bügeleisen eine Sohle aus Stahl, Teflon oder Aluminium hat: Die Fläche muss absolut glatt sein und darf keine Kratzer haben.

Damit Bügeln glatt geht –
Tipps rund um das heiße Eisen

- Wenn Sie Hemden oder Blusen bügeln, sollten Sie sich an die richtige Reihenfolge halten, damit alles wunderbar glatt wird. Bügeln Sie zuerst von links (!) die Teile aus doppeltem Stoff (Knopfleiste, Manschetten, Kragen). Bügeln Sie dann von rechts (!) Ärmel, Vorderteil, Rückenteil und Schulterpartie. Zum Abschluss werden auch die doppelten Stoffteile noch einmal von rechts gebügelt.

- Sprühen Sie Wäsche, die vor dem Bügeln angefeuchtet werden muss, mit warmem Wasser ein. Es zieht schneller ins Gewebe ein als kaltes Wasser.

- Damit Ihre Kleider nach dem Bügeln duften, geben Sie zwei bis drei Tröpfchen Ihres Lieblingsduftes in das Dampfbügeleisen oder das Sprühwasser.

- Wenn Sie bereits eingefeuchtete Wäsche nicht fertig bügeln können, stecken Sie sie in einen sauberen Plastiksack und packen sie ins Tiefkühlgerät. Lassen Sie die Wäsche so lange auf Eis liegen, bis Sie wieder Zeit zum Bügeln haben. Die Kälte verhindert, dass die Wäsche muffig riecht. Außerdem müssen Sie die Kleider später nicht noch einmal einsprengen.

- Müssen Sie Kleidungsstücke mit Stickereien bügeln, legen Sie die Stickerei mit der Rückseite nach oben auf ein Frottierhandtuch. Fahren Sie vorsichtig mit dem Bügeleisen über die Stickerei. Bei dieser Methode werden alle noch so kleinen Zwischenräume schön glatt.

- Bügelwäsche nicht sofort in den Schrank hängen, sondern erst einige Zeit auskühlen lassen. Kleidung, die sofort in den Schrank »gesperrt« wird, verliert schnell ihre Form und riecht muffig.

Pflegeetikett
Die Buchstaben im Symbol für die chemische Reinigung (Kreis) sagen Ihnen auch, welche Fleckenentferner erlaubt sind. »A« erlaubt Fleckenentferner auf Lösungsmittelbasis . Bei »P« dürfen handelsübliche Fleckenentferner auf Lösungsmittelbasis nur eingeschränkt verwendet werden. »F« untersagt die Verwendung von Fleckenentfernern mit Lösungsmitteln.

✳ Chemische Reinigung:

Der Kreis auf dem Etikett zeigt an, dass das Kleidungsstück chemisch gereinigt werden kann. Die im Kreis befindlichen Buchstaben »A«, »P« oder »F« informieren den Reinigungsfachmann auf einen Blick darüber, mit welchen Lösemitteln er die Wäsche behandeln darf, ohne dass bei der Reinigung oder Fleckenentfernung Schäden entstehen.

Das »A« steht für alle üblichen Lösemittel in der chemischen Reinigung. Ist das Kreissymbol mit einem »P« versehen, ist die Anwendung von Perchlorethylen und Kohlenwasserstoffen erlaubt. »F« dagegen erlaubt lediglich eine Reinigung mit Kohlenwasserstoffen.

Ein durchgestrichener Kreis besagt, dass das Kleidungsstück keine chemische Reinigung verträgt.

❋ Chlorbleiche

Chlorbleiche ist eine aggressive Bleiche, mit der bei Bedarf farbige Flecken angegangen werden sollen. Auch wenn die Methode in Deutschland heute nicht mehr gebräuchlich ist, informieren die Etiketten über die Chlortauglichkeit einer Textilie. Schließlich ist das Verfahren in anderen Ländern wie den USA und Spanien immer noch üblich.

Ob ein Kleidungsstück gebleicht werden kann oder nicht, erkennt man an dem Dreieck auf dem Pflegeetikett. Ist das Dreieck durchgestrichen, darf das Wäschestück nicht mit Chlorbleiche behandelt werden. Steht in dem Dreieck ein »Cl« ist die Chlorbleiche möglich.

❋ Trocknen im Wäschetrockner

Das Viereck mit Kreis sagt Ihnen, ob die Kleidung in den Trockner kann und wie hoch die Trockentemperatur sein darf. Wie beim Bügelsymbol verraten die eingeschlossenen Punkte, wie hoch die Temperaturen maximal sein dürfen. Zwei Punkte: Das Kleidungsstück verträgt normale Trockentemperatur. Ein Punkt: Das Kleidungsstück darf nur bei reduzierter Temperatur getrocknet werden.

Ist das Symbol durchgestrichen, darf die Wäsche gar nicht im Trockner wirbeln, da sie schon bei geringer Hitze einlaufen oder sich verziehen könnte. In diesem Fall muss Wäsche an der Luft trocknen.

❋ Waschtemperatur

Anhand eines kleinen Waschbottichs kann man vom Pflegeetikett ablesen, bei welcher Temperatur das Kleidungsstück gewaschen werden darf. Unterbrochene oder durchgezogene Balken unter dem Symbol informieren darüber, ob das Kleidungsstück einen Schonwaschgang (durchgezogener Balken) oder einen Spezialschonwaschgang (unterbrochene Linie) benötigt.

Zeigt das Etikett einen Bottich mit eingetauchter Hand, muss das gute Stück von Hand gewaschen werden. Ist der Waschzuber dagegen durchgestrichen, darf das Wäschestück auf keinen Fall gewaschen werden – weder im Spezialschongang noch mit der Hand.

WASCHGANG

❋ Buntwäsche

Zur Buntwäsche gehört farbige Wäsche aus Baumwolle und Leinen wie Bettwäsche, Tischwäsche, Frottierhandtücher und Schlafanzüge. Diese Wäsche verträgt einen Waschgang von bis zu 60 °C.

❋ Feinwäsche

Seidenkleidung und Gardinen gehören zur Feinwäsche. Auch viele Synthetikfasern bevorzugen diesen Waschgang. Feinwäsche darf nur zwischen 30 und maximal 40 °C gewaschen werden (unbedingt die Pflegesymbole beachten).

Damit Waschmittel all diese Wunderdinge und Erwartungen erfüllen können, müssen sie aus einer enormen Vielzahl von Inhaltsstoffen bestehen. Schauen Sie einmal auf die Packung Ihres Waschmittels, woraus das Pulver besteht.

Wichtig!

Ist das Symbol »Chemisch Reinigen« (Kreis) auf dem Pflegeetikett durchgestrichen, dürfen keine lösungsmittelhaltigen Fleckenentfernungsmittel verwendet werden.

Wollsachen nach dem Waschen ganz vorsichtig ausdrücken und in dicke Handtücher einrollen. Handtuch mehrmals wechseln, zum Schluss das Teil sorgfältig auf ein trockenes Tuch ausbreiten, in Form ziehen und trocknen lassen. Nicht in die Sonne oder an die Heizung legen, das mag Wolle überhaupt nicht.

Kochwäsche
Heute ist es nur noch in Ausnahmefällen (Krankheiten, Säuglingswäsche) notwendig, Wäsche zu kochen. In der Regel reicht es, die Wäsche bei 60 °C oder noch niedrigeren Temperaturen zu waschen.

✳ Kochwäsche

Kochwäsche besteht zum Beispiel aus weißer (!) Bettwäsche, Unterwäsche, Tischwäsche und Handtüchern (Leinen oder Baumwolle). Die Wäschestücke können in der Regel bei bis zu 95 °C gewaschen werden.

Wäsche zum Waschen vorbereiten

- **Schließen Sie vor dem Waschen die Reißverschlüsse, damit sich keine Waschpulverreste absetzen und später das Öffnen und Schließen erschweren.**

- **Flecken und Schmutzränder vor dem Waschen behandeln.**

- **Damit jeder Kragen blütenweiß wird, vor dem Waschen etwas Haarshampoo darauf geben; es löst Körperfett.**

- **Bevor die Schmutzwäsche im Sammelkorb verschwindet, alle Taschen genau nachkontrollieren. Am besten drehen Sie jede Tasche um. So sehen Sie sofort, dass Sie diese Taschen bereits einmal kontrolliert haben.**

- **Beachten Sie die Pflegekennzeichen auf den Etiketten der Kleidungsstücke.**

- **Sortieren Sie die Wäsche nach Kochwäsche, Buntwäsche, Feinwäsche und Wollwäsche vor.**

✳ Pflegeleichte Wäsche

Im Waschgang für pflegeleichte Wäsche werden zum Beispiel Textilien aus Chemiefasern oder solche mit einem gewissen Chemiefaseranteil gewaschen. Die Wäschestücke dürfen je nach Pflegesymbol bei Temperaturen von 30 bis 60 °C gewaschen werden.

✳ Wolle

Unterteilen Sie die Wollwäsche in Textilien, die waschmaschinenfest sind und solche, die per Hand gewaschen werden müssen. Denn Wolle zu waschen erfordert besondere Sorgfalt, damit Sie lange Freude an dem guten Stück haben.

✳ Wolle in der Maschine

Wollsachen dürfen nur im Wollprogramm gewaschen werden. Leichtes Anschleudern erleichtert das Trocknen. Dann den Pullover auf ein trockenes Handtuch legen, in Form ziehen und lufttrocknen.

✳ Wolle mit der Hand waschen

Um Wollsachen mit der Hand zu waschen, lösen Sie zuerst ein Wollwaschmittel in warmem Wasser auf, bevor Sie das Wäschestück ins Wasser legen. Statt eines Wollwaschmittels können Sie auch Haarshampoo verwenden. Das tut vor allem empfindlichen Wollarten wie Lambswool gut. Wollsachen immer in reichlich Wasser waschen, aber nicht zu lange einweichen.

Beim Waschen werden die Kleidungsstücke nur vorsichtig im Wasser hin- und hergeschwenkt. Sie dürfen nicht gerieben oder gewrungen werden. Anschließend wird das Kleidungsstück in lauwarmem bis kaltem Wasser gründlich ausgespült. Dem letzten Spülgang etwas Essig beigeben.

WASCHMITTEL-ABC

❋ Baukastensystem

Wer umweltschonend waschen möchte, sollte anstatt eines Vollwaschmittels ein Waschmittel benutzen, das nach dem Baukastensystem funktioniert. Nur dann hat man die Möglichkeit, sich das Waschmittel individuell und je nach Verschmutzungsgrad der Wäsche zusammenzustellen. So kann man beispielsweise bei Buntwäsche gut auf den Zusatz eines Bleichmittels verzichten.
Jedes Baukastensystem beruht auf einem Basiswaschmittel auf Kernseifenbasis. Der zweite Bestandteil ist Bleichmittel. Es wird in der Regel nur bei weißer Wäsche zugesetzt. Man kann den Bleicher aber auch dann zufügen, wenn man stark verschmutzte Buntwäsche einmal ganz gründlich reinigen will. Der dritte Zusatz ist ein Enthärter, der je nach Wasserhärte zugegeben wird. Waschmittel in Baukastensystemen kann man als fertiges Paket kaufen oder selbst zusammenstellen.

> ### Wasserhärte
> Die Wasserhärte wird in Deutschland in Grad (dH = deutscher Härtegrad) angegeben.
>
> I 0 bis 7 dH = weich
>
> II 8 bis 14 dH = mittelhart
>
> III 14 bis 21 dH = hart
>
> IV 21 bis 28 dH = sehr hart

❋ Colorwaschmittel

Colorwaschmittel sind frei von optischen Aufhellern und Bleichmitteln. Flecken können deshalb nicht immer rückstandslos entfernt werden. Viele Colorwaschmittel enthalten PVP (Polyvinylpyrolidon), das das Abfärben farbunechter Stoffe verhindert. Umweltbelastende Eigenschaften dieses Stoffes sind laut Umweltbundesamt bislang nicht bekannt.

❋ Fein- und Buntwaschmittel

Fein- und Buntwaschmittel sorgen für die schonende Säuberung aller empfindlichen Textilien. Da sie weder optische Aufheller noch Bleichmittel enthalten, verschwinden jedoch viele Flecken (zum Beispiel Obst- oder Rotweinflecken) nicht vollständig aus der Wäsche. Verwendet man Konzentrate oder Kompaktwaschmittel, anstelle der handelsüblichen Waschmittelpulver hilft man umweltbelastende Verpackungsstoffe einzusparen, da diese Mittel ergiebiger sind.

Die Dosierung des Waschmittels richtet sich auch nach dem Härtegrad des Wassers. Je höher der Härtegrad, desto mehr Waschmittel benötigt man. Wer umweltbewusst waschen will, wählt bei leicht verschmutzter Wäsche stets die Menge für Härtegrad I (auch bei abweichender Packungsanweisung).

> **Wichtig!**
> *Wer auf die Vorwäsche verzichtet, spart 15 Prozent Energie und Wasser.*

※ Fleckenentferner

Wenn Fleckenentferner Lösemittel
enthalten, sollte man ganz auf ihren
Einsatz verzichten. Denn diese chemischen Stoffe schaden nicht nur
der Umwelt, sondern auch der eigenen Gesundheit.
Keine Gesundheits- und Umwelt-
schäden sind dagegen bei Gallseife
zu erwarten. Dieses Naturprodukt
wird einfach vor dem Waschen auf
die Flecken aufgetragen. Kurz einwirken lassen und die Textilien wie
gewohnt reinigen.

※ Fleckensalze

Fleckensalze sind nur dann nötig,
wenn die Wäsche wirklich stark verschmutzt ist. Die Salze bestehen
hauptsächlich aus Bleichmittel und
einem Bleichaktivator. Wer auf den
Einsatz von Fleckensalzen nicht verzichten will, sollte beim Einkauf
darauf achten, dass das Produkt
anstelle scharfer chemischer Mittel
das etwas umweltverträglichere
Percarbonat enthält.

※ Flüssigwaschmittel

Universalwaschmittel und Feinwaschmittel gibt es nicht nur als
Pulver, sondern auch in flüssiger
Form. Diese Flüssigwaschmittel sind
jedoch recht umweltbelastend, da sie
einen höheren Tensidgehalt haben.
Die positive Seite der flüssigen
Waschmittel: Sie entfernen fett- und
ölhaltigen Schmutz sehr gut – und
das bereits bei 30 bis 60 °C.

※ Kompaktwaschmittel

Die platzsparenden Kompaktwaschmittel sind hochkonzentrierte Pulver ohne unnötige Füllstoffe. Sie
sind sehr ergiebig und helfen
dadurch eine Menge Verpackungsmaterial einzusparen.

※ Superkonzentrate

Superkonzentrate, gibt es erst seit
einigen Jahren. Sie benötigen noch
weniger Platz als die Kompaktwaschmittel und sind um weitere 20
Prozent ergiebiger, da sie sich erst
zum optimalen Zeitpunkt in der
Trommel auflösen.

※ Vollwaschmittel

Dieses Pulver wird auch Universalwaschmittel genannt. Es wäscht
wirklich fast alles, ob stark oder
kaum verschmutzt, ob gelb, grün
oder weiß, ob bei 30 oder 60 °C.
Damit das Universalwaschmittel alle
Erwartungen erfüllen kann, enthält
es viele verschiedene Substanzen,
um für alle Fälle gewappnet zu sein.
Doch die geballte Kraft der Inhaltsstoffe ist nur in den seltensten Fällen notwendig. Trotzdem gelangen
bei jedem Waschgang auch die über-
flüssigen Inhaltsstoffe ins Abwasser
und schädigen die Umwelt. Und
auch vielen Wäschestücken tut die
Menge an Waschsubstanzen nicht
gut. So kann Seide stumpf, können
bunte Kleidungsstücke blass werden. Auch Wolle verträgt den »Groß-
angriff« nicht und kann verfilzen.

Umweltbewusst und gesund waschen

- Schon beim Kauf einer Waschmaschine an die Umwelt denken. Entscheiden Sie sich für eine Maschine mit geringem Wasser- und Energieverbrauch. Das zahlt sich auf Dauer auch finanziell aus.
- Lassen Sie die Maschine nicht halb voll laufen. Waschen Sie nur, wenn die Maschine wirklich voll ist. Notfalls Spartaste drücken.
- Nur die wenigste Wäsche muss vorgewaschen oder gekocht werden.
- Verzichten Sie auf die so genannten Jumbos und benutzen Sie am besten das Baukastensystem. So schonen Sie nicht nur das Grundwasser, sondern sparen auch Verpackungsmaterial.
- Verwenden Sie nicht nur umweltfreundliches Waschmittel, sondern dosieren sie dieses auch richtig. Achten Sie also genau auf die Angaben auf der Waschmittelpackung. Messen Sie das Pulver richtig ab und dosieren es nicht nach Gefühl.
- Setzen Sie Flüssigwaschmittel wirklich nur bei stark fetthaltig verschmutzten Textilien ein.
- Achten Sie beim Kauf eines Kleidungsstücks darauf, dass es waschbar ist.
- Neue Kleidung vor dem ersten Tragen immer so heiß wie möglich waschen. Dadurch werden die Chemikalien aus der Textilproduktion herausgespült und Hautirritationen verhindert.
- Verzichten Sie auf Weichspüler. Diese Mittel schaden der Umwelt und können bei empfindlicher Haut Irritationen hervorrufen.

Bügeln Sie neue Kleidungsstücke nicht vor dem Waschen, da sonst Formaldehyd freigesetzt werden kann. Dieser Stoff reizt nicht nur die Schleimhäute, er steht auch im Verdacht krebserregend zu sein.

❋ Weichspüler

Weichspüler sollen dafür sorgen, dass die Wäsche kuschelig weich wird und herrlich duftet. Diese Zusatzmittel haben Vor- und Nachteile, wobei die Zahl der letzteren überwiegt. Weich gespülte Wäsche trocknet zwar schneller, lässt sich leichter bügeln und lädt sich nicht elektrostatisch auf. Sie saugt jedoch auch weniger Feuchtigkeit auf. So nehmen Handtücher beim Abtrocknen weniger Wasser und weich gespülte Unterwäsche weniger Schweiß auf. Außerdem enthalten Weichspüler eine Vielzahl von Inhaltsstoffen wie Parfüm-, Konservierungs- und Farbstoffe, die zu allergischen Reaktionen führen können und die Umwelt stark belasten.

❋ Wollwaschmittel

Zur Familie der Feinwaschmittel gehören auch die Wollwaschmittel. Sie sind so zusammengesetzt, dass die empfindlichen Wollfasern nicht zu sehr aufrauen und verfilzen. Für Maschine und Handwäsche geeignet.

Auslüften Kleidungsstücke, die frisch aus der Reinigung kommen, müssen mindestens einen Tag an der frischen Luft ausdünsten. Dann können die zur Reinigung verwendeten chemischen Stoffe »verduften«.

Haben Sie eine
empfindliche Haut
oder neigen Sie zu
allergischen
Hautreaktionen?
Dann sollten Sie
alte T-Shirts auf
keinen Fall weg-
werfen. Bei diesen
alten Hemden sind
die Schadstoffe
bereits heraus-
gewaschen, die der
Haut so zusetzen
können. Auch
wenn Sie mit dem
alten Stück keinen
Staat mehr machen
können, so kann es
Ihre Haut doch als
Unterhemd vor den
Schadstoffen an-
derer Kleidungs-
stücke schützen.

WASCHSUBSTANZEN

✳ Bleichmittel

Tenside und Enzyme allein werden nicht mit jedem Schmutz fertig. Vor farbigen Verschmutzungen wie Obst- und Rotweinflecken strecken sie die Waffen. Bleichmittel dagegen bleichen den Fleck und machen ihn damit unsichtbar. Chemisch gesehen werden die Flecken dabei durch oxidative Zersetzung in farblose Stoffe umgewandelt. Früher wurde fleckige Weißwäsche in der Sonne gebleicht. Heute übernimmt Natriumperborat diese Aufgabe. Kommt dieser chemische Stoff mit Wasser in Kontakt, verwandelt es sich in Wasserstoffperoxid (wird auch beim Bleichen der Haare verwendet) und Natriumdihydrogenborat. Da sich Natriumperborat erst bei Wassertemperaturen über 60 °C zu Wasserstoffperoxyd zersetzt, muss die verfärbte Wäsche mindestens bei dieser Temperatur gewaschen werden.

✳ Enzyme

Es gibt Flecken wie Blut-, Kakao- und Eiweißflecken, an denen beißen Tenside sich die Zähne aus. Damit die Kleidungsstücke trotzdem ganz fleckenrein werden, enthalten Waschmittel außer den fettlösenden Tensiden auch Enzyme gegen eiweiß- und stärkehaltigen Schmutz. Die Enzyme zerlegen die recht großen Eiweiß- und Stärkemoleküle in kleine wasserlösliche Minibausteine. Enzyme

entwickeln ihre Wirksamkeit vor allem bei Temperaturen zwischen 30 und 60 °C. Deshalb findet man sie vor allem in Vorwaschmitteln und Waschmitteln, die bis 60 °C verwendbar sind.

Vollwaschmittel enthalten Waschsubstanzen gegen jede Art von Flecken. Meist sind jedoch nicht alle Wirkstoffe nötig.

✳ Optische Aufheller

Weiße Wäsche bleibt nicht von Natur aus weiß. Durch häufiges Waschen bekommt sie nach und nach einen leichten Gelbstich, denn farbige Verunreinigungen hinterlassen Abbauprodukte, die blaues Licht absorbieren. Das reflektierende Licht wird daher vom menschlichen Auge als Gelb wahrgenommen. Optische Aufheller gleichen diesen Gelbstich aus, da sie auch nach dem Waschen noch am Gewebe haften, UV-Licht absorbieren und blaues Licht aussenden, das die Wäsche weißer erscheinen lässt, als sie ist.

Wichtig!
Allergiker sollten
die Packungs-
hinweise
besonders genau
studieren. Dann
wissen Sie, ob das
Waschpulver
»verbotene« Sub-
stanzen enthält.

✳ Seifen

Neben den Tensiden enthält Waschmittel auch herkömmliche Seifen. Ist das Wasser jedoch hart, verlieren sie ihre Waschkraft und flocken aus. Da diese Seifenflocken wasserunlöslich sind, verliert Seife ihre Reinigungskraft. Um dies zu vermeiden, werden modernen Waschmitteln Enthärter zugemischt, die das Wasser herrlich weich machen und so ein Ausflocken der Seife verhindern. Trotz ihrer nachteiligen Eigenschaften kann Seife jedoch nicht vollständig durch Tenside ersetzt werden. Seife wird nämlich auch als »Schaumbremse« beigemischt. Denn in den wirbelnden modernen Waschmaschinen würde das Waschwasser sonst überschäumen.

✳ Tenside

Tenside sind so genannte waschaktive Substanzen und haben eine reinigende Wirkung. Sie sorgen dafür, dass fettiger Schmutz aus dem Gewebe gelöst wird. Wasser allein könnte diesen Kraftakt nicht bewerkstelligen, denn zwischen dem Wasser und dem in der Wäsche enthaltenen Fett kommt es zu einer chemischen Abstoßungsreaktion. Den Tensiden kommt daher eine Art Vermittlerrolle zu.

✳ Weitere Zusätze

Waschmittel enthalten nicht nur Tenside, Seifen, Enthärter, Bleichmittel und optische Aufheller. Sie benötigen beispielsweise auch so genannte Neutralsalze. Diese haben zwar keine Wirkung auf das Waschergebnis, sorgen jedoch dafür, dass das Waschpulver rieselfähig bleibt und nicht verklumpt.

Waschmittel enthalten zudem so genannte Schmutzträger. Diese kleinen »Helferchen« ziehen den Schmutz aus der Waschlösung und sorgen dafür, dass er sich nicht wieder im Gewebe absetzt. So genannte Korrosionsinhibitoren schützen die metallenen Waschmaschinenteile vor dem Verrosten. Waschalkalien erhöhen den pH-Wert des Waschmittels, denn Bleichmittel und Enzyme wirken im alkalischen Bereich besser. Auch Parfum darf im Waschmittel nicht fehlen. Schließlich soll die Wäsche nicht nur blütenweiß sein, sondern auch frisch duften.

Extratipps für die Handwäsche

- Das Waschmittel sollte immer vollständig aufgelöst sein.

- Schmutz löst sich besser, wenn Sie die Handwäsche etwa zwei Stunden einweichen.

- Ein Blick aufs Etikett verrät Ihnen, ob Schleudern erlaubt ist. Wenn ja, stellen Sie den Kurzschleudergang ein, und entfernen Sie so aus der Handwäsche überschüssiges Wasser.

Überlegen Sie bereits vor dem Kauf einer neuen Waschmaschine, wie viel Wäsche die Trommel in der Regel fassen muss. Für einen Ein- bis Zwei-Personen-Haushalt genügt ein Fassungsvermögen von drei Kilogramm, bei einer drei- bis fünfköpfigen Familie muss die Trommel vier bis fünf Kilo fassen.

Hautschutz
Wer empfindliche und trockene Hände hat, sollte bei der Handwäsche Gummihandschuhe tragen.

Saubere und gepflegte Wäsche

Wer seine Kleidung möglichst lange tragen will, sollte ihr auch bei der Pflege die gebührende Aufmerksamkeit zukommen lassen. Nicht nur empfindliche Textilien brauchen eine Sonderbehandlung. Auch bei der Reinigung von Jeans oder Wolle gibt es viele hilfreiche Tipps. Und wer die passenden Tricks parat hält, der kann auch kleine Schäden an der Wäsche problemlos und schnell beheben.

WASCHTAG

Unsere Urgroßmütter und Großmütter kannten ihn noch, den so genannten Waschtag. Etwa alle vier Wochen waren die Frauen des Hauses allein damit beschäftigt, die Wäscheberge des vergangenen Monats zu reinigen. An diesen Tagen blieb dann aber auch wirklich kaum Zeit, sich um etwas anderes als um die Wäsche zu kümmern. Der Waschtag verlangte den Frauen viel Kraft und lange Vorbereitungen ab. Die Wäsche musste bereits am Vorabend eingeweicht werden, der Kessel für das heiße Wasser mit Holz versorgt und viele andere zeit- und kräfteraubende Dinge erledigt werden.
Als Anfang des 20. Jahrhunderts das erste »selbsttätige« Wachmittel auf den Markt kam, veröffentlichten die Hersteller beinahe jeden Tag Informationen zum Gebrauch des neuartigen Produktes. Nach Jahrhunderten der Schwerstarbeit sollte sich nun die Wäsche beinahe von selbst

Niedrige Dosierung
Dosieren Sie auch bei stärker verschmutzer Wäsche das Pulver gering und behandeln Sie stattdessen besonders verschmutzte Stellen mit Haarshampoo oder Gallseife vor.

reinigen – das war für die meisten Menschen der damaligen Zeit einfach unglaublich. Die Herstellerfirma entwickelte eine großangelegte Werbekampagne, um nicht nur den Nutzen, sondern auch den Namen ihres »Wunderproduktes« bekannt zu machen. Kein Wunder also, dass der Name des Waschmittels bald auch als Synonym für all jene Waschmittel galt, deren Hersteller an seinem Erfolg teilhaben wollten. Die Idee des modernen Markenartikels war geboren.
Im Zeitalter der modernen Waschmaschinen, gibt es wohl kaum noch feste Waschtage. Hat sich genügend Wäsche angesammelt, wird sie eben gewaschen. Und die Waschmaschine läuft, während wir viele andere Arbeiten erledigen können.
Aber auch wenn uns die moderne Technik viel Arbeit abnimmt, sollte die Wäsche nicht einfach wahllos in die Maschine gestopft werden. Es lohnt sich, die Mühe aufzuwenden und die Wäsche vorzubereiten.

ANSPRUCHSVOLLE STOFFE

❋ Cord

Cord bekommt beim Waschen keine Knitterfalten, wenn Sie das Kleidungsstück auf links drehen, ehe es in die Maschine kommt.

❋ Batist

Dieses zarte Gewebe sollten Sie nur per Hand waschen, in einer Schmierseifenlauge. Sehr gründlich ausspülen und den Stoff nicht auswringen. Batist nach dem Stärken noch nass aufhängen. Vorsichtig auf niedrigster Stufe bügeln.

Empfindliche Stoffe wie Batist und Organdy weicht man in Schmierseifenlauge ein und spült mit klarem Wasser nach.

❋ Flanell

Flanell aus Wollstoff darf nicht mit heißem Wasser gewaschen werden, sonst wird er hart wie ein Brett. Baumwollflanell stört diese Behandlung dagegen nicht. Deshalb vor dem Waschen auf das Etikett schauen.

❋ Lamé

Wollen Sie Lamé nicht in die Reinigung geben, können Sie ihn mit Sodawasser säubern. Lösen Sie ein paar Pfund Soda in einer Badewanne voll Wasser auf. Den Lamé darin einweichen und anschließend gründlich mit klarem Wasser ausspülen. Vollständig abtropfen lassen und das Kleidungsstück zwischen zwei dicke Handtücher legen. Den Stoff kurz vortrocknen lassen, dann auf links drehen und ganz vorsichtig lauwarm trockenbügeln.

❋ Organdy

Diesen hauchdünnen Stoff sollten Sie nur per Hand und mit Schmierseifenlauge waschen.

❋ Seide bügeln

Seide darf man weder einsprengen noch dämpfen, da es sonst unschöne Wasserflecken gibt. Besser ist es, die Seide noch im feuchten Zustand von links auf niedriger Stufe zu bügeln.

❋ Seide reinigen

Seidentextilien nur per Handwäsche säubern. Sie müssen im Waschwasser schwimmen. Füllen Sie also viel Wasser ins Becken und waschen Sie jedes Teil einzeln. Seide sollte nur durch das Wasser geschwenkt werden, reiben oder wringen schädigt die empfindliche Faser. Damit der Stoff seinen schönen Glanz behält, badet man ihn zum Abschluss in schwachem Zuckerwasser oder spült

Wollsachen sind häufig besonders pflegeintensiv. Wenn man aber einige Regeln befolgt, ist es gar nicht so schwer. Die wichtigste Regel: Niemals darf man Wolle zu heiß waschen, denn das ist mit Sicherheit das Ende eines jeden Wolltextils.

> *Wichtig!*
> *Viele Seidentextilien sind heute waschfest. Ob auch Ihr edles Teil dazugehört, sehen Sie an den Pflegekennzeichen.*

Man sollte die Gesäßtaschen ausgedienter Jeans und den darunter liegenden Stoff herausschneiden und beides aufheben. Will man beschädigte Jeans ausbessern, hat man dafür einen passenden Flicken zur Verfügung.

ihn in einer schwachen Gelantinelösung aus. Wringen Sie das Wasser nicht aus, sondern streifen Sie es nur vorsichtig mit der Hand ab.

❋ Seide trocknen

Rollen Sie das Seidenteil locker in ein Handtuch und lassen Sie es dann ausgebreitet auf einem Frottierhandtuch trocknen. Blusen und Kleider können zum Trocknen auch auf einen nicht färbenden Bügel gehängt werden. Direktes Sonnenlicht vermeiden, da es der Farbe schadet.

❋ Spitze stärken

Damit Spitzen wunderschön weiß und steif werden, feuchtet man sie nach dem Waschen mit abgekochter Milch an und bügelt sie umgehend. Das erspart das Stärken.

❋ Spitze waschen

Spitzendeckchen und lose Spitzenkragen verziehen sich beim Waschen schnell. Wenn Sie Ihr kostbares Stück vorsichtig auf ein weißes Tuch heften, behält es seine Form. Außerdem lässt sich die Spitze nach dem Waschen viel einfacher bügeln. Erst nach dem Bügeln wird der Heftfaden wieder gelöst.

JEANS

❋ Ausgebleichte Jeans

Alte Jeans, die durch häufiges Waschen schon an Farbintensität eingebüßt haben, können mit Hilfe einer neuen Jeans schnell aufgefrischt werden. Einfach die neue Jeans zusammen mit der alten Hose waschen.

Seidenart

Fragen Sie beim Kauf unbedingt nach, um welche Seidenart es sich bei einem Kleidungsstück aus Seide handelt. Das ist nämlich nicht kennzeichnungspflichtig. Von der Art der Seide hängt jedoch auch ihre Pflege ab.

Pflegetipps für Seide

• Schwarze Seidenwäsche behält ihren wunderschönen Glanz, wenn sie in schwarzem Tee gewaschen wird.

• Seidener Unterwäsche tut ein Bad in Efeublättern gut. Einen Esslöffel getrocknete Blätter mit einem Liter heißem Wasser übergießen, den Tee kurz ziehen lassen, abseihen und abkühlen lassen. Geben Sie die Wäsche erst dann in den Kräutersud, wenn er nur noch lauwarm ist. Nach dem Bad die Seide mit Salzwasser nachspülen, dem vorher ein Schuss Essig beigemischt wurde.

• Seidene Spitzen reinigen Sie in kalter Seifenlauge. Die Spitze ganz leicht ausdrücken, dann gründlich in kaltem klarem Wasser spülen. Nach der Wäsche die Spitze vorsichtig mit einem Handtuch schwach ausdrücken. Bügeln Sie die Spitze von links, solange sie noch feucht ist.

• Achten Sie darauf, dass beim Einparfümieren kein Duftwasser auf die Seide gerät, da es dort Flecken hinterlässt. Vorsicht auch bei Deodorant, das ebenfalls Flecken hinterlässt.

❋ **Blue Denim**

Waschen Sie Blue Denim nicht heißer als 40 °C. Um das Kleidungsstück zu schonen, drehen Sie es zudem vor dem Waschen auf links.

❋ **Colored Denim**

Bunte Jeans sollten nicht heißer als 40 °C gewaschen werden. Zum Waschen immer auf links drehen. Verwenden Sie nur Feinwaschmittel ohne optische Aufheller und schleudern Sie die Hose nicht zu stark.

❋ **Einzeln waschen**

Ein Solo für Jeans. Neuere Jeanssachen gehören immer allein in die Waschmaschine, da die Farbe ausbluten kann.

❋ **Farbschutz**

Neue Jeans bleichen beim Waschen nicht aus, wenn sie vor der ersten Wäsche etwa eine Stunde lang in kaltes Salzwasser gelegt werden. Das Rezept: Ein Esslöffel Salz auf zwei Liter Wasser. Die Lösung mehrmals umrühren, bis sich das Salz aufgelöst hat. Nach der Salzwasserkur wird die Jeans kalt in der Waschmaschine gewaschen.

❋ **Stretch Denim**

Jeans mit Stretchanteilen waschen Sie am besten bei 40 °C. Auf keinen Fall schleudern und die nasse Hose nicht an den Hosenbeinen aufhängen. Beides schadet der Elastizität. Stretchhosen nur mäßig heiß bügeln.

Jeans – richtige Pflege ist wichtig

- Das beste Waschergebnis erzielen Sie, wenn Sie stets nur Feinwaschmittel ohne optische Aufheller verwenden.
- Drehen Sie die Jeans vor dem Waschen immer auf links, damit der Stoff geschont wird.
- Wichtig ist, dass die Jeans sehr gründlich gespült wird und nicht zu lange in der Waschmaschine bleibt.
- Jeans aus pigmentgefärbtem Flachgewebe darf man nicht in die Reinigung geben. Das würde der Hose schaden.
- Auf Chloren verzichten, da dabei Gewebe und Farbe der Jeans zerstört werden können.
- Wenn sich ein Fleck auf die Jeans verirrt – Hände weg von Fleckenwasser. Häßliche Flecken und Farbveränderungen könnten die Folge sein.
- Trocknen Sie die Jeans am besten auf der Leine. Wenn Sie sie in den Trockner stecken möchten, lassen Sie die Hose nur auf der untersten Stufe trockenpusten.
- Jeans nur mit mäßig heißem Eisen bügeln – und nur von links.
- Wer wegen einer Nickelallergie die Knöpfe seiner Jeans mit Nagellack bestrichen hat, muss dies nach jeder Wäsche wiederholen, da sich der Lack in der Maschine ablösen kann.

Seide zählte schon vor Tausenden von Jahren zu den edelsten Textilien. Um lange Freude an Kleidung und Wäsche aus Seide zu haben, sollte man sie gewissenhaft pflegen.

Wichtig!
Wenn Sie eine Brosche an der Seidenbluse tragen wollen, wischen Sie vorher die Nadel mit Alkohol ab, damit sie keine Spuren auf der Seide hinterlässt.

Frottierhandtücher dürfen nach dem Waschen nicht gebügelt werden. Dadurch verlieren sie ihre Saugkraft. Dieselbe Wirkung haben übrigens auch Weichspüler. Auch wenn sie sich danach angenehm flauschig anfühlen: Bei Handtüchern sollte auf diesen Spülgang verzichtet werden.

SCHNELLE HILFE BEI KLEINEN SCHÄDEN

✳ Ausgebeulte Hosen

Auch wenn Hosen an den Knien ausgebeult sind, müssen sie nicht sofort gewaschen oder gereinigt werden. Zwischendurch kann man den »Beulen« mit dem Dampfbügeleisen auf die Faser rücken. Bügeln Sie die Stelle unter höchstem Dampf von außen nach innen. Leistet der Stoff Widerstand, feuchten Sie ihn noch zusätzlich mit einem Pumpzerstäuber an. So ausgebügelt sieht die Hose aus wie frisch gewaschen.

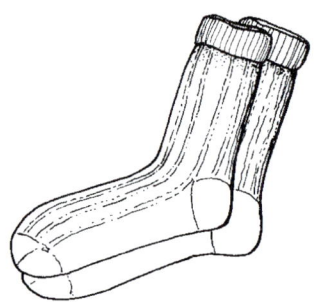

Haben die Schuhe abgefärbt, weicht man Socken und Strümpfe in Boraxwasser ein und wäscht sie dann ganz normal.

✳ Ausgeleierte Bündchen

Haben die Pulloverbündchen beim Waschen die Form verloren? Dann ziehen Sie farblich passenden Nähgummi mit einer Stopfnadel durch die Maschen des Bündchens. Damit man den Gummi später nicht sieht, arbeiten Sie auf der linken Seite.

*Handtücher
Damit neue, farbige Handtücher nicht ausfärben, sollte man sie die beiden ersten Male alleine waschen. Die Temperatur muss dabei mindestens 40 °C betragen.*

✳ Dunkle Stoffe pflegen

Dunkle Wollsachen und Stoffe werden wie neu, wenn sie in Efeutee gewaschen werden. Das Rezept: Geben Sie auf ein Liter Wasser 15 Gramm Efeublätter. Lassen Sie den Kräutersud fünf Minuten kochen und anschließend auf Handwärme abkühlen. Unempfindliche Kleidungsstücke können Sie auch mit einer Kleiderbürste abbürsten, die sie zwischendurch immer wieder in den Efeutee tauchen.

✳ Flusen

Wenn der Angorapullover fusselt, steckt man ihn in eine Plastiktüte und legt diese über Nacht ins Gefrierfach oder in die Tiefkühltruhe. Am nächsten Morgen haart der Pulli nicht mehr.

✳ Glanzstellen

Beim Bügeln ist es schnell passiert: der dunkle Stoff hat plötzlich glänzende Stellen. Ein Essigtuch sorgt für rasche Abhilfe. Tränken Sie ein Tuch mit Essigwasser, legen Sie es auf die glänzende Stelle und bügeln Sie darüber. Der Stoff ist sofort wieder matt.

✳ Harte Handtücher

Sind Ihre Frottierhandtücher bretthart geworden, gönnen Sie ihnen eine Salzkur. Dafür werden sie nach der üblichen Wäsche in kochende Kochsalzlösung gelegt. Danach gut spülen und trocknen lassen.

60

❋ Mantelkragen

Wenn nur der Mantelkragen schmutzig ist, muss nicht gleich der ganze Mantel gewaschen oder gereinigt werden. Ein Tütchen Backpulver spart Geld und Zeit: Streuen Sie einfach etwas Backpulver auf den Mantelkragen und lassen es gut eine Stunde einwirken. Dann schütteln Sie das Pulver ab und bürsten den Kragen gründlich ab.

❋ Muffiger Geruch

Muffiger Geruch aus Wolle verschwindet, wenn Sie die Kleidung einige Stunden – am besten über Nacht – an die frische Luft hängen. Am nächsten Tag wird das gute Stück mit Salmiakwasser behandelt. Dazu vier Esslöffel Wasser mit zwei Esslöffel Salmiakgeist vermischen, ein weiches Tuch in die Lösung tauchen und das Kleidungsstück gründlich abreiben.

❋ Platte Wollsachen

Platte Wollsachen werden wieder frisch, wenn sie für 24 Stunden an einem Ort mit hoher Luftfeuchtigkeit aufgehängt werden (zum Beispiel im Bad oder auf einer überdachten Terrasse bei Regen). Die Kleidungsstücke danach abbürsten.

❋ Reißverschlussnähte

Reißverschlussnähte verlieren beim Waschen häufig ihre Form. In so einem Fall besprühen Sie die Nähte beim Bügeln mit viel Dampf.

❋ Verfärbte Strümpfe

Von Schuhen verfärbte Strümpfe legt man vor dem Waschen einige Zeit in Boraxwasser.

❋ Verfilzte Pullover

Hat Ihr Lieblingspulli die Wäsche nicht gut überstanden? Bevor Sie ihn schweren Herzens aussortieren, sollten Sie es einmal mit diesem Trick probieren: Füllen Sie eine Schüssel mit Milch und weichen Sie darin den Pulli über Nacht ein. Wenn Sie keine Milch im Haus haben, können Sie den Pullover auch in Wasser mit Badeöl legen. Die Fasern nehmen Fett auf und werden wieder geschmeidig (hilft nicht bei eingelaufenen Pullis).

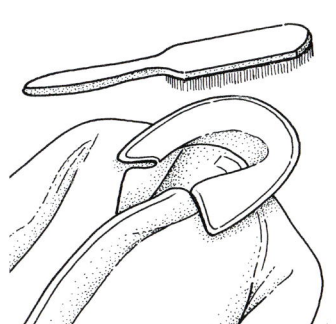

Verschmutzte Mantelkrägen bestreuen Sie mit Backpulver und bürsten sie nach etwa einer Stunde kräftig aus.

❋ Verfilzte Wollsachen

Weichen Sie die betroffenen Stücke über Nacht in einer Wasser-Haarshampoo-Mixtur ein. Am nächsten Tag gründlich ausspülen und vor-

Spüren Sie beim Tragen von Wollsocken oder Wollunterwäsche ein Kribbeln oder ein Beißen auf der Haut? Keine Sorge, die meisten Wollunverträglichkeiten verschwinden, wenn die betreffenden Textilien ein paar Mal gewaschen wurden.

> ### Wichtig!
> *Reißverschlüsse vor dem Waschen immer mit einem Bleistift oder Fett einreiben, dann klemmen sie später nicht.*

Haben sich Nähte an Hemden und Blusen beim Waschen zusammengezogen, lässt sich das beim Bügeln leicht wieder richten. Die Nähte dafür gut einfeuchten und beim Bügeln vorsichtig glatt ziehen. Dafür das Bügeleisen oben auf die Naht setzen und von unten gegenziehen. Auf diese Weise das Bügeleisen nach unten über die gut gestraffte Naht führen.

Wichtig!

Bedenken Sie schon beim Kleiderkauf, dass selber waschen immer billiger ist, als die Kleidung in die Reinigung zu geben. Werfen Sie deshalb bereits zu diesem Zeitpunkt einen Blick auf das Pflegeetikett.

---

sichtig trocknen. Stark verfilzte Sachen weichen Sie in lauwarmem Bohnensud ein. Nach einer Stunde herausnehmen und gründlich ausspülen. Dann vorsichtig trocknen.

❋ Verfilzte Wollsocken

Verfilzte Wollsocken legt man mit einer rohen geriebenen Kartoffel über Nacht in einen Topf Wasser.

❋ Verknitterte Jacken

Sie haben einen dringenden Termin, aber Ihre Jacke oder Ihr Mantel ist etwas zerknautscht? Wenn Ihnen die Zeit zum Bügeln fehlt oder der Stoff keine Behandlung mit dem Bügeleisen verträgt, lassen Sie heißen Wasserdampf für sich arbeiten. Hängen Sie das zerknitterte Stück einfach über die Wanne und drehen Sie den Heißwasserhahn auf.

❋ Wollknötchen

Kleine Wollknötchen an weichen Pullis werden durch Reibung verursacht. Diese Knötchen sollten Sie auf keinen Fall abzupfen. Besser ist es, sie mit einer Nagelschere abzuschneiden. Ganz schnell und einfach lassen sie sich auch mit einem Spezialrasierer (Fusselrasierer) entfernen, den es in Elektrofachgeschäften oder Kaufhäusern gibt.

❋ Zerrissene T-Shirt-Nähte

Schließt man zerrissene Nähte an T-Shirts mit Zickzackstichen, bleiben sie elastisch.

TIPPS UND TRICKS ZUM WASCHEN

❋ Feinwäsche

Feinwäsche, die leicht aus der Form gerät, stecken Sie in einen Kissenbezug, ehe Sie sie in die Maschine geben. Zuknöpfen nicht vergessen.

❋ Gardinen waschen

Wenn Sie die Gardinen mit der Hand waschen, geben Sie der Seifenlauge eine Hand voll Salz zu. Waschen Sie die Gardinen in der Waschmaschine, geben Sie in die Kammer für den Weichspüler ein klein wenig Essig und etwas Zitronensaft. Mixen Sie außerdem ein Päckchen Backpulver unter das Waschpulver. Mit dieser Spezialbehandlung werden die Gardinen wieder strahlend weiß.

❋ Grauschleier vermeiden

Damit die Wäsche schön weiß bleibt und nicht vergraut, geben Sie in regelmäßigen Abständen einige Zitronenscheiben mit in die Trommel. Auch Backpulver sorgt für strahlend weiße Wäsche. Ist die Maschine normal beladen genügt ein Päckchen, ist sie sehr voll, nimmt man besser zwei.

❋ Leuchtend bunte Farben

Kleidung behält ihre schöne Farbenpracht, wenn Sie dem Spülwasser etwas Zucker zufügen. Auch ein Schuss Essig hilft.

Blendend reine Gardinen

- Entfernen Sie vor dem Waschen schadhafte Gardinenröllchen und Stecknadeln. Sonst könnte das Gewebe Schaden erleiden.
- Gardinen müssen im Wasserbad locker schwimmen. Also nicht alle Gardinen auf einmal in die Waschmaschine oder in die Badewanne geben.
- Gardinen bleiben wie neu, wenn Sie ins letzte Spülwasser etwas Zucker geben.
- Gardinen niemals wringen oder gar schleudern.
- Sie machen Ihre Gardinen feuerfest (besonders wichtig für Küchengardinen), wenn Sie sie nach dem Waschen in einer schwachen Ammoniakphosphatlösung tränken. Gardinen in die Lösung tauchen, leicht ausdrücken und an der frischen Luft trocknen lassen.

✳ Vergilben vermeiden
Wäsche, die leicht vergilbt, bleibt mit Borax blütenweiß. Geben Sie einfach einen Esslöffel davon in den letzten Spülgang.

✳ Vergilbte Gardinen
Gardinen leiden nur selten unter Flecken. Sie verschmutzen und vergilben in der Regel großflächig. Von Zigarettenqualm vergilbte Gardinen weicht man über Nacht in der Badewanne in lauwarmem Salzwasser ein (125 Gramm Salz auf einen Eimer Wasser). Bei stark verschmutzten Stücken das Einweichwasser eventuell mehrmals wechseln. Gardinen nach dem Salzbad nicht auswringen, sondern nur ganz sanft ausdrücken.

✳ Vergilbte Wäsche
Stark vergilbte Wäsche weichen Sie sechs Stunden in Vollmilch ein. Anschließend nach Vorschrift waschen.

✳ Weichspüler
Verwenden Sie Essig statt teurem Weichspüler. Er spült die Wäsche herrlich weich und lässt sie frisch duften. Außerdem ist Essig gut gegen Kalk.

VERFÄRBTES UND ENTFÄRBTES

✳ Bunte Wäsche trocknen
Bunte Wäsche sollten Sie nicht in der direkten Sonne trocknen lassen. Die Farbe würde im Sonnenlicht ausbleichen.

✳ Entfärben
Sind die Farben beim Waschen verlaufen, legen Sie den Stoff in etwas Essigwasser, bis die Farben wieder schön klar sind. Verfärbte Kleidungsstücke weichen Sie in saurer Milch ein. Lassen Sie die Milch einige Stunden wirken und waschen Sie die Kleidung anschließend in lauwarmem Wasser aus.

Will man ein hoffnungslos verflecktes oder verfärbtes Kleidungsstück nicht wegwerfen, kann man es umfärben. Je heller eine Farbe ist, desto leichter können Sie sie auch verändern. Der neue Farbton muss immer dunkler und auch kräftiger sein als die ursprüngliche Farbe.

Bunte Muster
Bunte Muster können entweder in den Stoff eingewebt oder lediglich aufgedruckt sein. Bedruckte Stoffe sind preiswerter. Allerdings verblassen die Farben recht schnell. Ein Schuss Essig im letzten Waschgang zögert diesen Zeitpunkt hinaus.

Wolle, Strickwaren und andere elastische Fasern dürfen nicht in der Maschine getrocknet werden. Sie vertragen die hohen Temperaturen nicht.

✳ Farbe auffrischen

Ist der Stoff verblasst, weil er durch zu starke Fleckenentfernung in Mitleidenschaft gezogen wurde? Baden Sie ihn einfach mehrere Stunden in Essigwasser (eine Schüssel Essig auf zwei Schüsseln Wasser). Das frischt die Farbe wieder auf.

Mit Essig lassen sich verblasste Farben ohne Chemie wieder auffrischen. Auch ein Milchbad bewahrt die Farben.

✳ Farbechtheit testen

Ob das Kleidungsstück farbecht ist, überprüfen Sie, indem Sie den Stoff kurz in Seifenlauge tunken. Dann drücken Sie ihn in ein weißes Tuch. Bleiben keine Farbspuren zurück, ist das Teil farbecht. Anderenfalls sollten Sie es einzeln waschen.

✳ Farbschutz

Neue farbige Kleidungsstücke färben nicht aus, wenn Sie sie vor dem ersten Waschen zwölf Stunden in gekochte Milch legen. Ist dazu keine Zeit, hilft auch ein Schuss Essig im Waschwasser.

Wasserdicht Wollhandschuhe werden wasserdicht, wenn Sie sie für wenige Sekunden in essigsaure Tonerde legen und sie dann zum Trocknen nach draußen hängen.

✳ Verblasste Kleider

Zu viel Sonnenlicht oder besonders häufiges Waschen bleicht die Farben in Kleidungsstücken schnell aus. Damit ihre Kleidung kräftig und in frischen Farben leuchtet, sollten Sie in das letzte Spülwasser immer etwas Essig geben. Oder Sie legen beim Bügeln ein feuchtes Essigtuch über das Kleidungsstück.

✳ Verblasste Wolle

Um die Farben blass gewordener Wollkleidung wieder aufzufrischen, bürsten Sie diese mit Salmiakwasser aus (ein Teelöffel Salmiakgeist auf eine Schüssel Wasser). Nach der Behandlung das Kleidungsstück zum Lüften auf den Balkon oder auf die Terrasse hängen.

✳ Verlaufene Farben

Damit die Farben eines gemusterten Kleidungsstücks beim Waschen nicht ineinander verlaufen, fügen Sie dem letzten Spülwasser einfach etwas Salz zu.

WOLLSACHEN

✳ Blanke Stellen

Oft werden Wollstoffe an bestimmten Stellen blank, da sie stärkerem Druck und Reibung ausgesetzt sind (zum Beispiel Hosenböden und Sakkoärmel). Um die Fasern wieder aufzurichten, gibt man einen Teelöffel Salmiakgeist in einen Liter Wasser und bürstet die Stellen auf.

Kleine Färbekunde

Will man ein unwiederbringlich verfärbtes oder verblichenes Kleidungsstück nicht wegwerfen, kann es mit Textilfarbe neu eingefärbt werden.

Weiß lässt sich problemlos in jede gewünschte Farbe umwandeln.

Gelb kann man in Orange, Rot oder Grün umfärben.

Lila lässt sich in dunkles Grau oder auch in Dunkelblau verändern.

Blau kann in Lila, Schwarz und Dunkelbraun umgefärbt werden.

Braun kann nur noch schwarz überfärbt werden.

Grau kann in Dunkelblau, Rot, Dunkelgrün, Braun und natürlich auch in Schwarz verwandelt werden.

❋ Handwäsche

Wollstricksachen sollte man am besten immer nur mit der Hand waschen. Auf die richtige Temperatur achten! Bereits 35 °C (handwarm) ist zu heiß. Wolle immer gut ausspülen, damit sie nicht verfilzt.

❋ Lauge

Am schonendsten wäscht man Wollsachen in lauwarmer Seifenlauge. Während des Waschens die einzelnen Teile nicht reiben, sondern nur leicht kneten. In lauwarmem Wasser mit Essigzusatz gründlich nachspülen und das gute Stück anschließend vorsichtig ausdrücken (nicht auswringen). Falls nötig leicht in Form ziehen und zum Trocknen auf ein Handtuch legen. Wollsachen nicht an der Heizung trocknen.

❋ Waschen mit Haarshampoo

Empfindliche Wollpullover wäscht man am besten mit Haarshampoo. Das Gewebe wird nicht angegriffen, die Wolle verfilzt nicht und die Pullover werden schön flauschig.

❋ Weiche Wolle

Wollpullover hören auf zu kratzen, wenn man sie in einer lauwarmen Lauge aus mildem Haarshampoo wäscht. Danach zehn Minuten in einem Haarkurbad liegen lassen, schließlich ausspülen.

❋ Wolle in der Waschmaschine

Wollsachen dürfen in der Waschmaschine nur auf Schonwaschgang und ohne Schleudern bei maximal 30 °C, besser aber kalt, gewaschen werden. Waschtrommel nur zu einem Viertel füllen. Als Waschmittel empfiehlt sich normales Haarshampoo.

❋ Wollschals

Wollschals nur in kaltem oder lauwarmem Wasser und mit milden Waschmitteln waschen. Wer auf Wasser verzichten will, reibt seinen Schal mit Weizenmehl ab.

Wolldecken sollten nach der Wäsche nicht willkürlich aufgehängt werden. Die nasse Wolldecke hängt man am besten zu einem Dreieck gefaltet über die Leine. Das Wasser kann so an der unteren Ecke ablaufen. Auf diese Weise verzieht sich die Decke nicht.

Wichtig!
Haben sich Wollsachen beim Waschen ausgeweitet, legt man sie erst in heißes, dann in kaltes Essigwasser. Sanft in Form ziehen und auf einem Handtuch trocknen lassen.

Möbel pflegen und reinigen

Bei Flecken auf Möbeln muss man nicht immer gleich zu chemischen Fleckenentfernern und Holzschutzmitteln greifen. Oft lassen sich gerade mit altbewährten Tricks die besten Ergebnisse erzielen. Egal, ob Holz-, Korb- oder Stahlmöbel: Auch für die tägliche Pflege gibt es zahlreiche Rezepturen, die die guten Stücke auf sanfte und zugleich umweltfreundliche Art in Schuss halten.

HOLZ PFLEGEN

✳ Antike Möbel
Antike Möbel brauchen eine besonders sorgfältige Behandlung. Man staubt sie am besten nur vorsichtig mit einem weichen Tuch ab. Polierte Flächen reibt man ab und zu mit einem sauberen Staub- oder einem trockenen Ledertuch blank.

✳ Belüftung
Möbel sollten nie direkt an einer Außenwand stehen. Bereits wenige Zentimeter zwischen Möbel und Wand sorgen dafür, dass die Möbelrückseite ausreichend belüftet wird.

✳ Eichenmöbel
Eichenmöbel werden wieder wunderschön, wenn sie mit hellem Bier eingerieben werden. Der Effekt ist vor allem dann besonders gut, wenn das Bier vorher angewärmt wurde. Nach dem Abreiben das Holz mit einem weichen Tuch polieren. Recht dunkle Eichenmöbel behandelt man mit

Wasserränder
Ein gutes Mittel gegen Wasserränder: Stellen Sie eine Creme aus etwas Butter und Zigarettenasche her. Die Paste auftragen, mit einem weichen Tuch einreiben und dann polieren.

Stearinöl. Leinenlappen in das Öl tauchen und die Möbel abreiben. Das Öl antrocknen lassen und dann mit einem nicht fusselnden Tuch nachpolieren.

✳ Gebeizte Möbel
Gebeizte Möbel wischt man feucht ab und reibt sie danach sofort mit einem weichen Lappen trocken.

✳ Hochglanzmöbel
Wischspuren auf hochglanzpolierten Möbeln entfernt man mit einem weichen Tuch und Talkumpuder. Den Puder gleichmäßig einreiben.

✳ Klemmende Schubladen
Klemmt bei einem Möbel die Schublade, reibt man einfach mit einer Kerze oder einem Stück Seife über die entsprechende Stelle.

✳ Mahagonimöbel
Mahagonimöbel zeigen sich im neuen Glanz, wenn sie mit kaltem schwarzem Tee behandelt werden.

Einfach ein weiches Tuch mit Tee tränken und das Möbelstück damit abreiben. Anschließend mit einem trockenen Wolllappen gut polieren. Eine ebenso ausgezeichnete Politur mischt man aus einem Glas Tee und sechs Esslöffel Olivenöl.

✳ Möbelpolitur
Jede im Handel gekaufte Möbelpolitur pflegt das Holz noch besser, wenn man ihr einige Tropfen Essig untermischt.

✳ Nussbaumholz
Nussbaumholz reibt man nach dem Abstauben mit frischer Milch ab. Anschließend gründlich mit einem weichen Wolllappen nachpolieren.

✳ Schleiflackmöbel
Schleiflackmöbel sind sehr empfindlich und verlieren schnell ihren Glanz. Besonders schonend reinigt man sie mit dem ungesalzenen Kochwasser von Kartoffeln.

✳ Stumpfes Holz
Stumpfe Holzmöbel glänzen ganz schnell wieder, wenn sie mit etwas Olivenöl behandelt werden. Mit einem trockenen Wolllappen gründlich nachpolieren.

✳ Teakholz
Teakholz braucht nur wenig Pflege. Auf keinen Fall darf es mit lösemittelhaltigen Möbelreinigern behandelt werden, da dadurch seine Ober-

Knarrende Holzdielen bringen Sie mit Talkumpuder zum Schweigen. Einfach etwas Puder in die Ritzen streuen und schon herrscht wieder Ruhe.

Holzpflegemittel selbst herstellen

Wachsmischung für unbehandeltes und lackiertes Holz
300 ml reines Bienenwachs im Wasserbad zum Schmelzen bringen. Dann mit der gleichen Menge Terpentinöl vermischen und schließlich erhärten lassen. Verreiben Sie das Wachs mit einem weichen Lappen möglichst sparsam über die zuvor entstaubte Holzoberfläche. Zum Schluss immer mit einem frischen Lappen nachwischen.

Möbelöl für mattiertes und poliertes Holz
300 ml Essig, 300 ml Terpentin und 300 ml Leinöl vermischen und gut durchschütteln. Mit einem weichen Tuch auftragen, danach gut trockenwischen. Polieren Sie schließlich mit einem neuen Tuch sorgfältig nach.

Salatöl-Kochsalz-Mischung
Polierte Möbel erhalten ihren Glanz, wenn man sie mit einer Mischung aus Salatöl und Kochsalz abreibt.

Essig-Öl-Mischung
Das einfachste Pflegemittel für Holz ist eine Mischung aus Essig und Öl.

Wichtig!
Wenn Holzschubladen klemmen, reibt man den Korpus an der entsprechenden Stelle mit einer Kerze oder einem Stück trockener Seife ab.

Für die Pflege des wertvollen Palisanderholzes bietet der Handel spezielle Palisanderöle an. Diese Mittel enthalten keine Lösungsmittel, die die empfindliche Oberfäche stark schädigen könnten.

fläche stark geschädigt wird. Am besten pflegt man das wertvolle Holz mit speziellen Teakölen.

✳ Unbehandeltes Holz

Unbehandeltes Holz pflegt man je nach Oberfläche und Farbe mit Polituren aus natürlichen Inhaltsstoffen. Der Fachhandel bietet für die Oberflächenbehandlung Bienenwachse, Leinölfirnis und Naturharzöle an. Lassen Sie sich zu Vor- und Nachteilen von einem Experten beraten.

✳ Versiegeltes Holz

Versiegeltes Holz reinigt und pflegt man mit Wasser und einem beliebigen Pflegemittel. Das Pflegemittel jedoch stets sparsam dosieren, da es sonst zu Schmierstreifen und Glanzflecken kommt.

HOLZ REINIGEN

✳ Alkoholflecken

Verunziert ein Alkoholfleck das Möbel, stellen Sie sich selbst eine Paste aus Bimssteinpulver und etwas Salatöl her. Diese Paste vorsichtig mit einem weichen Tuch einreiben, bis der Fleck verschwunden ist. Mit einem weichen trockenen Tuch gut nachwischen.
Auf Hochglanzmöbeln hinterlässt Alkohol häufig helle Spuren. Die auffälligen Flecken und Ränder behandelt man am besten mit einer Metallpolitur. Mit einem trockenen Tuch nachpolieren.

Mattiertes Holz Mattiertes Holz nicht mit Wachs behandeln. Leinöl-, Essig- oder Terpentinpolituren sind gut geeignet, da sie weniger in die Oberfläche eindringen.

✳ Eichenholz

Flecken auf Eichenholz schleift man mit feinem Schleifpapier ab. Die Stelle anschließend mit Terpentin abreiben und versiegeln.

✳ Fettflecken

Fettflecken auf unbehandeltem Holz verschwinden mit Töpferton. Den Ton auf die Flecken streichen, einwirken und trocknen lassen und dann wegbürsten. Die Oberfläche anschließend feucht wischen.

✳ Fleckiges Nussbaumholz

Flecken auf Nussbaumholz beseitigt man mit Öl und Salz.

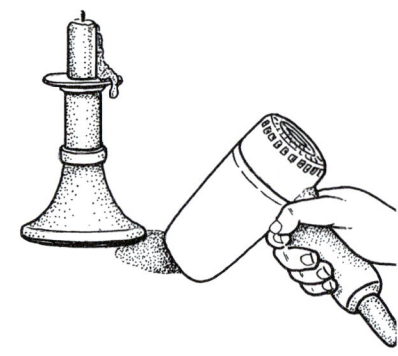

Mit einem Fön bringt man Wachsflecken zum Schmelzen. Dann kann man den Fleck mit einem Taschentuch aufsaugen.

✳ Furnierte Möbel

Möbel mit furnierter Oberfläche werden nach der Holzart des Furniers behandelt. Wasserspritzer immer sofort entfernen, damit keine Flecken entstehen.

✳ Gebeizte Möbel

Stark verschmutzte, gebeizte Möbel reibt man sanft mit Terpentin ab und poliert sie dann trocken nach.

✳ Glyzerin

Gibt man beim Waschen von Staubtüchern dem letzten Spülwasser etwas Glyzerin zu, nehmen die Tücher den Staub besser auf.

✳ Grobe Verschmutzungen

Gröbere Verschmutzungen entfernt man mit einem leicht angefeuchteten Lappen. Wenn nötig, gibt man dem Wasser einen Spritzer Geschirrspülmittel zu. Danach das Holz gut trockenreiben, damit keine Wasserflecken entstehen.

✳ Hartnäckige Wasserflecken

Besonders hartnäckige Wasserflecken behandelt man mit etwas Natron.

✳ Intarsien

Wertvolle und empfindliche Intarsien (eingelegte Holzarbeiten) darf man nur ganz behutsam abstauben und niemals feucht wischen. Hin und wieder kann man die Intarsien auch vorsichtig mit speziellem Antikwachs behandeln.

✳ Japanlack

Möbel aus Japanlack wischt man nur feucht ab und trocknet sie sofort wieder ab. Fingerabdrücke entfernt man am besten mit einem feuchten Fensterleder.

✳ Kerzenwachs

Weichen Sie Wachsflecken mit Hilfe eines Föns auf und tupfen Sie sie mit Papiertaschentüchern ab. Erhitzen Sie das Holz dabei nicht zu stark. Mit Essigwasser nachwischen. Ist das Holz unbehandelt, den Lappen nur ganz leicht anfeuchten.

✳ Klebeverbindungen lösen

Klebt etwas auf dem Holz, träufelt man reichlich Essig auf die verschmutzte Stelle. Die Klebeverbindung lösen und die Oberfläche wie gewohnt behandeln.

✳ Lackmöbel

Lackmöbel reinigt man mit einem trockenen weichen Tuch. Klebrige Flecken auf der Oberfläche entfernt man mit warmem Seifenwasser. Sofort gründlich trocknen und gut nachpolieren.

✳ Leim- und Klebstoffreste

Leim- und Klebstoffreste lassen sich am besten mit Margarine oder Speiseöl entfernen. Mit einem trockenen Lappen nachpolieren.

✳ Mattiertes Holz

Offenporiges, mattiertes Holz ist nur durch einen dünnen Überzug geschützt. Wasser, Alkohol und fetthaltige Speisen können daher leicht in die Oberfläche eindringen und Flecken hinterlassen. Da die üblichen Reinigungsmittel und Fleckenentferner nur an der Holzoberfläche

Jedes Möbel verlangt nach individueller Reinigung und Pflege. Für welche Produkte Sie sich entscheiden, hängt vor allem von der Beschaffenheit der Oberfläche ab.

> **Wichtig!**
> *Wenn Sie biologische Holzschutzmittel kaufen, sollten Sie sich für biologisch abbaubare Mittel entscheiden. Sie enthalten neben pechhaltigen Substanzen Bienenwachs und Holzessig.*

Häßliche Wasser-flecken lassen sich in der Regel mit Speiseöl wegpolieren. Einfach etwas Öl auf den Fleck träufeln und mit einem weichen Tuch sanft nachpolieren.

wirken, können diese Flecken nur durch Abschleifen der Oberfläche mit feinem Schleifpapier wieder entfernt werden.

✳ Papierreste entfernen
Papierreste, die auf dem Holz kleben, dürfen nicht mit einem Messer oder einem anderen scharfen Gegenstand abgekratzt werden. Man beträufelt stattdessen das Papier mit Öl, lässt dieses kurze Zeit einwirken und reibt dann das Papier mit einem sehr weichen Lappen ab. Notfalls die Behandlung wiederholen.

✳ Obstflecken
Obstflecken verschwinden von Holz, wenn Sie eine Mischung aus Kochsalz und Öl auf einen Wattebausch geben und den Fleck damit bearbeiten.

✳ Polierte Möbel
Flecken auf polierten Möbeln entfernt man am besten mit Wasser, in dem zuvor Sauerkraut gewässert wurde. Anschließend mit einem trockenen Tuch nachreiben, damit später keine Wasserränder auf der Oberfläche zu sehen sind.

Holzoberflächen Ist unbehandeltes Holz stark verschmutzt, reinigt man es mit Seifenlauge (Tuch fest auswringen) oder schleift die Flecken mit sehr feinem Schleifpapier ab.

✳ Ränder auf Holztischen
Ränder auf Holztischen lasssen sich mit einer Mischung aus je einem Teelöffel Butter und Mayonnaise sowie etwas Zigarettenasche entfernen. Fünf Minuten einwirken lassen und gut nachpolieren.

✳ Rahmen
Spiegel- und Bilderrahmen reinigt man mit lauwarmem Salmiakwasser. Vergoldete Rahmen tupft man sanft mit einem in Spiritus getränkten Wattebausch ab.

✳ Sprödes Holz
Sprödes und verschmutztes Holz glänzt wieder, wenn man es mit warmem Bier reinigt.

✳ Staubtuch
Für das regelmäßige Abstauben eignet sich am besten ein imprägniertes Staubtuch. Die nicht imprägnierten Staubtücher verteilen den Staub nur im Raum, anstatt ihn aufzunehmen. Das Tuch sollte außerdem waschbar sein.

✳ Staubwischen
Beim Staubwischen immer von oben nach unten wischen, da sich sonst der aufgewirbelte Staub wieder auf der bereits gereinigten Fläche niederlässt. Schwer zugängliche Stellen und Ecken mit dem Staubwedel abfegen. Zum Schluss den gesamten abgewischten Staub vom Boden saugen.

✳ Unbehandeltes Holz
Unbehandeltes Holz sollte möglichst wenig mit Wasser in Kontakt kommen, da es sonst aufquillt. Man reinigt es daher mit dem trockenen Staubtuch. Eine nachträglich einpolierte dünne Schicht Antikwachs kann es vor Feuchtigkeit schützen.

✳ Vergoldetes Holz

Vergoldetes Holz ohne aufwendige Verzierungen kann man mit einer rohen Kartoffel abreiben. Für filigrane Schnitzereien empfiehlt sich eine Reinigung mit einfachem Weinessig. Mit Pinsel oder Tuch auftragen, kurz einwirken lassen, feucht nachwischen und trocknen lassen.

✳ Unbekannte Flecken

Flecken, deren Ursprung Sie nicht kennen, können Sie ganz vorsichtig mit ein wenig Spiritus behandeln.

Dunkles Holz lässt sich mit schwarzem Tee pflegen. Er wird mit einem weichen Lappen eingerieben und trocknet an der Luft.

✳ Versiegeltes Holz

Flecken auf lackiertem oder gewachstem Holz lassen sich mit warmem Seifenwasser entfernen.

✳ Wasserflecken

Wasserflecken sieht man vor allem auf dunkel gebeizten Möbeln sehr stark. Um die Flecken zu beseitigen, vermischt man Zigarettenasche mit Butter oder Margarine und reibt die Mischung mit einem feuchten Tuch auf. Mit einem weichen Tuch nachpolieren. Über Wasserflecken auf hellem Holz reibt man mehrmals mit einer ölhaltigen Paranuss. Besonders hartnäckige Wasserflecken auf unbehandelten Holzmöbeln können Sie mit Zahnpasta beseitigen. Dazu geben Sie einen Klecks Zahnpasta auf ein feuchtes Tuch und bearbeiten die Flecken in kreisenden Bewegungen. Hilft auch das nichts, fügen Sie der Zahnpasta noch etwas Natron hinzu. Vorsicht: Gestrichene Möbel vertragen diese im wahrsten Sinn des Wortes raue Behandlung nicht.

✳ Wasserflecken auf Lasur

Wasserflecken auf lasierten Möbeln entfernt man am besten mit Antikwachs. Das Wachs mit einem weichen Tuch einreiben, bis der Fleck verschwunden ist. Anschließend mit einem weichen, sauberen Lappen nachpolieren.

✳ Wasserränder

Um Wasserränder zu entfernen, reibt man sie immer wieder mit einem Flaschenkorken in Richtung der Holzmaserung ein. Den Korken vorher in eine Mischung aus pflanzlichem Speiseöl und Zigarettenasche tunken. Ist der Rand verschwunden, wird die Oberfläche mit Wachs oder Öl nachpoliert.

Gewachste Möbel schrubbt man einmal im Jahr kräftig mit einer Wurzelbürste ab. Anschließend wischt man die Oberfläche feucht ab, lässt sie gut trocknen und poliert dann neues Wachs ein.

Wichtig!

Ist ein Holzmöbel von Schimmelpilzen befallen, muss das Holz an der angegriffenen Stelle entfernt werden und durch ein passendes neues Stück ersetzt werden.

71

KORBMÖBEL

✳ Flecken entfernen
Hässliche Flecken auf Korbmöbeln
lassen sich besonders gut mit etwas
Mentholspiritus beseitigen.

✳ Imprägnieren
Korbmöbel halten länger, wenn man
sie jedes Jahr im Frühling mit einer
kräftigen Salzwasserlösung abbürstet.

✳ Pflegemaßnahmen
Damit Korbmöbel besonders lange
schön bleiben, reibt man sie von
Zeit zu Zeit mit Zitronenöl ein.

✳ Reinigen
Sind Korbmöbel stark verschmutzt,
schrubbt man sie mit einer Bürste,
Wasser, Seife und Soda ab. Damit
man dabei die Wohnung nicht unter
Wasser setzt, stellt man die Möbel
in die Badewanne oder arbeitet
gleich im Freien.

LEDERMÖBEL

✳ Abgewetztes Leder
Alte, abgewetzte Ledergarnituren
lassen sich durch ein Gemisch aus
Eiweiß und Leinöl ganz schnell
wieder auffrischen.

✳ Abstauben
Lederbezogene Polstermöbel sollten
regelmäßig abgestaubt werden. Alle
Ritzen werden dabei mit dem Staubsauger (Polsterdüse) gereinigt.

✳ Altes Leder pflegen
Ältere Ledermöbel pflegt man mit
Nährfett aus dem Fachhandel. Das
Fett vier Stunden einwirken lassen
und gründlich nachpolieren.

✳ Dunkles Leder pflegen
Damit dunkles Leder seine Farbe
behält, reibt man es ein- bis zweimal
jährlich mit Rizinusöl ein.

✳ Flecken auf glattem Leder
Flecken auf glattem Leder lassen
sich am besten mit einem beinahe
trockenen Tuch und Kernseifen-
schaum entfernen.

✳ Flecken auf rauem Leder
Flecken auf rauem Leder lassen sich
mit feinem Schleifpapier entfernen.

✳ Flecken entfernen
Um Flecken zu entfernen, schäumt
man Sattelseife auf, trägt sie mit
einem Schwamm auf den Fleck auf
und reibt sie vorsichtig ein (von
außen nach innen arbeiten). Dann
mit klarem Wasser nachwischen und
das Leder gut trocknen lassen.

✳ Gefärbtes Leder reinigen
Gefärbtes Leder reinigt man mit
einer Mischung aus Hirschhornsalz
und heißem Wasser. Das Leder vorher unbedingt an einer versteckten
Stelle auf Farbechtheit prüfen. Wird
gefärbtes Leder regelmäßig mit
einem feuchten Tuch und Sattelfett
abgerieben, wetzt es weniger ab.

✳ Helles Leder pflegen

Helles Leder pflegt man mit weißer Vaseline. Man lässt die Vaseline erst gut einziehen und wischt dann alle überschüssigen Reste mit einem ganz weichen, saugfähigen Tuch ab.

✳ Schimmelflecken beseitigen

Schimmelflecken auf Ledermöbeln mit Holzessig wegreiben. Das Leder völlig trocknen lassen und einfetten.

✳ Wildleder reinigen

Kleine Schmutz- und Fettflecken auf Wildleder lassen sich mit feinem Schleifpapier entfernen. Nicht zu fest oder zu lange reiben, sonst wird die Oberfläche des Leders durch die Reibung beschädigt.

POLSTER REINIGEN

✳ Alleskleberflecken

Klebstoff entfernen Sie am besten mit Nagellackentferner. Auf zwei Dinge müssen Sie jedoch achten. Der Nagellackentferner muss ölfrei sein. Sonst prangt statt eines Kleberflecks ein Fettfleck auf Ihrem Polster. Probieren Sie außerdem erst einmal an einer unsichtbaren Stelle aus, wie der Bezug auf Nagellackentferner reagiert. Sind alle Tests positiv verlaufen, betupfen Sie den Fleck vom Rand her ganz vorsichtig mit dem Nagellackentferner. Versuchen Sie dann den Alleskleber mit einem Messer zu lösen. Eventuell mehrmals wiederholen.

Kann man den Bezug eines Polstermöbels abnehmen, lassen sich Flecken natürlich besonders gut beseitigen. Man wäscht den Bezug je nach Herstellervorschrift dann entweder in der Maschine oder gibt ihn in die chemische Reinigung.

Tipps für die Polsterpflege

- **Ausklopfen** Polstermöbel sollten regelmäßig von Staub befreit werden. Damit dabei nicht zu viel Staub in der Wohnung aufgewirbelt wird, legt man feuchte Tücher über die Polster und klopft sie dann aus. Der Staub fängt sich in den Tüchern und wird dort festgehalten.

- **Farbe auffrischen** Damit die Polstermöbel wie neu aussehen, sollten sie regelmäßig mit Essigwasser abgerieben oder abgebürstet werden. Das frischt die Farbe auf und schützt vor Verschmutzungen.

- **Reinigen** Normal verschmutzte Polstermöbel werden mit Essigwasser gereinigt. Hartnäckiger Schmutz kann auch mit Rasiercreme beseitigt werden. Gründlich reinigen können Sie Ihre Polstermöbel, wenn Sie eine Lauge aus Feinwaschmittel herstellen und diese mit einer Hand voll Salz und einem kräftigen Schuss Essig »würzen«.

- **Seide und Gobelin** Empfindliche Polster mögen kein Essigwasser. Ihnen tut stattdessen eine Verjüngungskur mit Kartoffelmehl gut. Die Bezüge einfach mit Kartoffelmehl abreiben und das Mehl dann vorsichtig ausbürsten. So erhalten die Bezüge frischen Farbglanz.

Stuhlsitze säubern Geflochtene Stuhlsitze werden wieder sauber und klar in der Farbe, wenn sie mit Salzwasser abgebürstet werden.

*Abnehmbare Be-
züge nach dem
Reinigen von links
bügeln, damit der
Stoff später nicht
glänzt. Vorsicht
bei Chintzbezü-
gen: Sie dürfen
nicht gebügelt
werden.*

❋ Alleskleber auf Kunstfasern

Kunstfasern vertragen keine Behandlung mit Nagellackentferner. Kratzen Sie deshalb so viel Kleber wie möglich vorsichtig mit einem Messer ab. Versuchen Sie dann, den verbleibenden Fleck mit warmem Wasser auszuwaschen. Anschließend das Polster mit warmem Essig bearbeiten.

❋ Blut

Geben Sie etwas Mineralwasser auf die betroffene Stelle und saugen Sie die Flüssigkeit mit einem Papiertaschentuch oder Haushaltstuch auf. Wiederholen Sie die Prozedur so lange, bis der Fleck überhaupt nicht mehr zu sehen ist.
Reagiert der Blutfleck nicht auf die Mineralwasserbehandlung, behandeln Sie ihn mit verdünntem Salmiakgeist. Nicht vergessen: Erst an einer verdeckten Stelle ausprobieren, ob Ihre Polsterbezüge Salmiakgeist vertragen. Versuchen Sie nie, einen Blutfleck mit warmem oder gar heißem Wasser zu entfernen. Blut enthält Eiweiß, das sich durch die Wärme verklumpen würde und nur noch stärker in den Bezug eindringen würde.

❋ Blut auf feinen Polstern

Nicht jedes Polster verträgt eine Wasserbehandlung. In diesem Fall feuchten Sie etwas Stärke oder Kartoffelmehl an und tragen es auf die blutbefleckte Stelle auf. Lassen Sie die Stärke trocknen und bürsten Sie sie dann vorsichtig aus.

*Teppichschaum
Wenn es einmal
ganz schnell gehen
muss, können Sie
Flecken auf Pols-
termöbeln auch mit
Teppichschaum
behandeln. Auf-
sprühen, einreiben
und absaugen.*

❋ Brandflecken

Bei versengten Stellen lohnt sich die Behandlung nur dann, wenn die Fasern nicht vernichtet wurden. Dann reiben Sie den Fleck mit Glyzerin weg. Sind die Fasern beschädigt, muss die betroffene Stelle dagegen ganz fein geflickt werden.

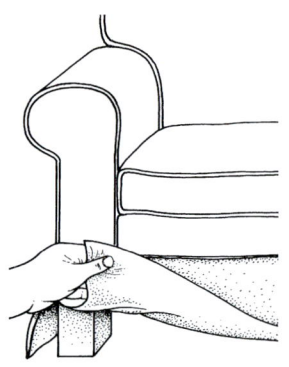

Bevor man mit der Fleckenentfernung beginnt, prüft man das Polsterstück am Saum auf seine Farbechtheit.

❋ Eiflecken

Auf robusten Stoffen werden eingetrocknete Eiflecken kräftig ausgebürstet. Wenn nötig können Sie mit kaltem Wasser die letzten Spuren beseitigen. Auf empfindlichen Polstern wird der Eifleck mit Glyzerin aufgeweicht und mit Seifenspiritus nachbehandelt. Probieren Sie jedoch vorher an einer unsichtbaren Stelle aus, wie der Polsterbezug auf die Mittel reagiert.
Eiflecken auf Kunstfasern reibt man mit feuchtem Salz ein, lässt dieses trocknen und bürstet es dann aus.

❋ Fettflecken

Je frischer ein Fettfleck ist, desto erfolgreicher ist seine Behandlung. Bestreuen Sie den Fleck zuerst mit Kartoffel-, Mais- oder Roggenmehl. Lassen Sie das Mehl gut einwirken, damit es das Fett aufsaugen kann. Dann bürsten Sie den Fleck mitsamt dem Mehl einfach aus. Sind noch Spuren zu sehen, behandeln Sie die betroffene Stelle mit Weingeist.

❋ Filzstiftflecken

Versuchen Sie zuerst, den Fleck mit lauwarmem Wasser auszuwaschen. Da heutzutage die meisten Filzstifte Lebensmittelfarben enthalten, lassen sich viele Flecken bereits auf diese Weise beseitigen. Haben Sie Pech und der Fleck verschwindet nicht, behandeln Sie ihn mit reinem Alkohol aus der Apotheke.

❋ Gemüseflecken

Versuchen Sie zuerst den frischen Fleck mit kaltem Wasser herauszureiben. Erweist sich der Fleck als zu zäh, rücken Sie ihm mit einigen Tropfen Zitronensaft auf die Faser. Eventuell mit Alkohol nachreiben. Zeigt sich der Fleck von der Behandlung noch immer unbeeindruckt, hilft lauwarmes Boraxwasser.

❋ Honigflecken

Die goldgelbe süße Köstlichkeit können Sie problemlos mit lauwarmem Wasser von Ihren Polstern waschen.

❋ Joghurtflecken

Lassen Sie den Joghurt erst eintrocknen und bürsten Sie ihn dann aus. Sind die Ränder noch sichtbar, betupfen Sie sie mit lauwarmem, klarem Wasser.

❋ Kaffeeflecken

Eine sanfte Seifenlösung sorgt in den meisten Fällen dafür, dass die häßlichen Flecken schnell und rückstandslos verschwinden. Ist der Kaffeefleck bereits eingetrocknet und deshalb schwerer zu entfernen, behandelt man ihn mit Glyzerin. Es weicht den Fleck auf und entfernt ihn gleichzeitig.

❋ Kaugummi

Kaugummi muss erst hart werden, ehe er rückstandslos aus der Faser gelöst werden kann. Füllen Sie eine Hand voll Eiswürfel in einen Plastikbeutel und legen Sie diesen auf den Fleck. Ist der Kaugummi gefroren, können Sie ihn mit einem Messer abheben. Anschließend bearbeiten Sie die Stelle vorsichtig mit einer Bürste. Verträgt das Polster eine Behandlung mit Alkohol, betupfen Sie den Fleck mit reinem Alkohol.

❋ Kerzenwachs

Reiben Sie nicht an dem noch flüssigen Wachs, dadurch würden Sie den Schaden nur vergrößern. Lassen Sie stattdessen das Wachs erkalten und heben Sie es dann vorsichtig mit einem Messer ab. Legen Sie eine dicke Lage Haushaltspapier, Toilet-

Saugen Sie Polstermöbel jede Woche mit dem Staubsauger ab, benutzen Sie dabei auch die Polsterdüse. Wer seine Polster nämlich regelmäßig von Staub und anderen losen Schmutzteilchen befreit, hat länger Freude an ihnen.

> *Wichtig!*
> *Plüschbezüge immer mit stark verdünnter Essiglösung reinigen und mit klarem Wasser nachreiben.*

Haben Motten Polstermöbel befallen, kann man sie mit Essigdampf vertreiben. Man bedeckt das Möbel mit Leintüchern und stellt einen Topf mit kochend heißem Essig daneben. Sobald der Essig nicht mehr dampft, wird er nochmals auf dem Herd erhitzt und wieder neben das Möbel gestellt.

tenpapier oder Papiertaschentücher auf die verschmutzte Stelle und bügeln Sie den Fleck vorsichtig aus. Wiederholen Sie die Behandlung mehrmals; wechseln Sie dabei häufig das Papier. Besonders wichtig: Das Bügeleisen darf nicht zu heiß sein, damit das Polster nicht leidet (Einstellung für Seide und Wolle).

✳ Kugelschreiberflecken

Bearbeiten Sie Kugelschreiberstriche ganz vorsichtig mit reinem Alkohol. Wenn der Fleck klein ist, nehmen Sie ein Wattestäbchen, befeuchten es mit Alkohol und betupfen damit den Fleck. Sie können den Fleck aber auch ganz einfach mit Haarspray »wegsprühen«. Dazu reichlich Spray auf die betroffene Stelle sprühen und den Fleck mit einem trockenen sauberen Tuch wegreiben. Diese Methode funktioniert besonders gut auf Kunstfasergewebe.

✳ Likörflecken

Versuchen Sie zuerst, die Flecken mit lauwarmem Wasser zu entfernen. Genügt das nicht, bearbeiten Sie den Fleck mit Seifenspiritus. Sind Ihre Polster »wasserscheu«, entfernen Sie den Likörfleck mit reinem Alkohol.

✳ Make-up-Flecken

Make-up-Flecken mit lauwarmem Wasser betupfen, dem einige Spritzer Spülmittel beigegeben wurden. Anschließend trockenfönen, sonst bleiben Wasserränder zurück.

✳ Malerfarben

Spritzer von Malerfarben betupft man zuerst mit lauwarmem Wasser, dann mit Essig.

✳ Marmeladenflecken

In den meisten Fällen lassen sich Marmeladenflecken mit lauwarmem Wasser beseitigen, das ein paar Spritzer Geschirrspülmittel enthält. Betupfen Sie den Fleck mit der Seifenlösung und trocknen Sie ihn mit einem Fön (niedrigste Stufe).

Kugelschreiberflecken auf Kunstfaser besprüht man reichlich mit Haarspray und reibt sie dann einfach weg.

✳ Mayonnaiseflecken

Kratzen Sie zuerst alle Reste vom Polster ab – am besten mit einem Messer. Dann betupfen Sie den Fleck mit lauwarmem Wasser. Doch Vorsicht, der Fleck darf dabei nicht größer werden. Tupfen Sie ihn deshalb immer von außen nach innen aus. Zum Abschluss mit Weingeist nachbehandeln.

✳ Milchflecken

Betupfen Sie den Milchfleck sanft mit kaltem Wasser und behandeln Sie ihn mit Spiritus nach. Zum Abschluss die Stelle trockenfönen, damit keine Wasserränder zurückbleiben. Milchflecken sind eiweißhaltig und dürfen nie warm behandelt werden.

✳ Obstflecken

Versuchen Sie zuerst den Fleck mit kaltem Wasser zu entfernen. Ist diese Behandlung nicht wirksam, betupfen Sie ihn mit Essigwasser. Eventuelle Reste mit reinem Alkohol beseitigen.

✳ Rußflecken

Ist Ruß auf das Polster gekommen, darf man auf keinen Fall versuchen, den Fleck durch Reiben zu entfernen. Am praktischsten ist es, den Ruß einfach abzusaugen. Bei starker Verschmutzung streuen Sie trockenes Mehl auf den Rußfleck, lassen es einwirken und saugen es dann ab.

✳ Schokoladenflecken

Zuerst so viel Schokolade wie möglich mit einem Messer abkratzen. Erst dann wird der Fleck mit kalter Seifenlauge behandelt. Dazu etwas Feinwaschmittel in kühlem Wasser gründlich auflösen und den Fleck vorsichtig damit betupfen. Nach der Seifenbehandlung tupfen Sie die Stelle mit Küchenpapier trocken und fönen nach. Ist der Fleck dann noch immer zu sehen, wiederholen Sie die Prozedur.

✳ Spinatflecken

Die häßlich grünlichen Spinatflecken sind recht zäh. Eine leichte Seifenlauge allein reicht nur selten aus, um sie völlig zu beseitigen. Versuchen Sie folgendes Hausmittel: Eine frische, ungekochte Kartoffel halbieren und den Fleck damit einreiben. Anschließend mit einer leichten Seifenlauge nachbehandeln.

✳ Teeflecken

Eine sanfte Seifenlösung sorgt fast immer erfolgreich dafür, dass die häßlichen Flecken rückstandslos verschwinden. Will sich der Teefleck mit Hilfe der Seifenlösung nicht lösen, bearbeiten Sie ihn mit einer warmen Boraxlösung.

✳ Tomatenflecken

Versuchen Sie zuerst, den Fleck mit lauwarmem Seifenwasser herauszuwaschen. Hilft diese Behandlung nicht, bearbeiten Sie den Fleck mit Wasser, dem Sie einen Schuss verdünnten Spiritus beigemengt haben.

✳ Weinflecken

Nehmen Sie zuerst überschüssige Flüssigkeit mit Haushaltspapier auf. Dann versuchen Sie den Fleck mit viel warmem Wasser zu beseitigen. Wenn diese Behandlung nicht ausreicht, tupfen Sie den Fleck mit reinem Alkohol ab. Bei farbigen Polstern sollten Sie auf das alte Hausmittel Salz verzichten. Es kann die Farbe ausbleichen.

Verursachen immer wieder die selben Substanzen die Flecken auf einem Polstermöbel (beispielsweise schmutzige Pfoten von Haustieren), lohnt es sich, das passende Reinigungsmittel in größerer Menge zuzubereiten, um es stets parat zu haben.

Flecken
Bevor Sie mit dem Entfernen eines Flecks beginnen, sollten Sie untersuchen, ob er fett-, eiweiß- oder wasserhaltig ist. Erst dann kann man das geeignete Gegenmittel auswählen.

Kordbezüge lassen
sich besonders gut
in einem Sud aus
frisch gepflücktem
Sauerampfer
reinigen.
Anschließend mit
klarem Wasser
ausspülen und
langsam trocknen
lassen.

Abnehmbare Polsterbezüge reinigen

Bezugsstoff	Reinigung
Baumwolle/Leinen	• In der Maschine • Flecken vorher entfernen • Vor dem Bügeln stärken • Noch feucht links bügeln • Bezüge mit Paspeln leicht feucht aufziehen
Brokat	• Chemisch reinigen lassen
Chintz	• Besser chemisch reinigen lassen • Nur im Schongang waschen • Kalt spülen • Nicht reiben, wringen, bleichen
Dralon	• Warm waschen, kalt spülen, kurz schleudern • Nach dem Waschen behutsam bürsten • Wenn überhaupt nötig, lauwarm bügeln
Kord	• Aus Baumwolle oder Viskose • Je nach Faser waschen
Leder	• Mit Sattelseife reinigen und mit Lederfett pflegen • Am besten chemisch reinigen lassen
Rips	• Beim Waschen Anweisungen für empfindlichste Stoffe befolgen
Samt	• Am besten chemisch reinigen lassen • Knitterfalte über Wasserdampf glätten
Seide	• Seidentaft und Seidenbrokat chemisch reinigen lassen • Andere im Schongang waschen • Hoch feucht mit schwach warmem Eisen oder Dampfbügeleisen bügeln
Tweed	• Wolltweed chemisch reinigen lassen • Polyester-Tweed nach Faserart waschen
Wolle	• Am besten chemisch reinigen lassen • Kräftig abbürsten oder ausklopfen
Zeltleinen/Segeltuch	• Mit warmem Seifenwasser abschrubben • Mit klarem Wasser nachspülen • An frischer Luft trocknen lassen • Schmutzflecken mit Radiergummi entfernen

Staub vermeiden
*Wer vermeiden
will, dass bei der
Reinigung von
Polstermöbeln viel
Staub aufgewirbelt
wird, legt vorher
große in Essig
getränkte Tücher
auf die Möbel.*

STAHL- UND MARMORMÖBEL

✳ Fettflecken auf Marmor

Fettflecken auf unbehandeltem Marmor feuchtet man mit Essig an. Man lässt ihn etwa eine Stunde einziehen und wischt dann mit reichlich klarem Wasser nach. Eine andere Methode ist es, die Fettflecken mit einer selbst angerührten Paste aus Magnesia und Waschbenzin zu bestreichen. Nach zwölf Stunden mit viel lauwarmem Seifenwasser abspülen.

✳ Flecken auf Marmor

Nicht fetthaltige Flecken lassen sich mit einem Tintenradiergummi vom Marmor wegradieren. Bei hartnäckigen Flecken streuen Sie Salz auf eine frisch aufgeschnittene Zitrone und reiben damit leicht über den Fleck. Nicht zu fest aufdrücken, sonst leidet die Politur. Vorsicht: Die Zitrone darf nicht länger als ein bis zwei Minuten auf den Marmor einwirken. Anschließend waschen Sie mit Seife und Wasser gründlich nach, um wirklich alle Reste der Zitronensäure zu entfernen.

✳ Kratzer auf Marmor

Leichte Kratzer lassen sich mit einem feuchten Tuch und Bimssteinpulver mühelos abreiben. Anschließend trocken nachwischen. Zur Beseitigung tiefer Kratzer bietet der Fachhandel spezielle Mittel an.

✳ Rostflecken auf Marmor

Rostflecken auf Marmor entfernt man mit Kleesalzlösung (aus der Drogerie). Die Oberfläche anschließend mit Bohnerwachs blank reiben.

✳ Schmiedeeisen reinigen

Schmiedeeisen lässt sich mit einer Wurzelbürste säubern. Bei rostigem Eisen hilft eine Drahtbürste.

✳ Stahlmöbel pflegen

Stahlmöbel reinigt man zuerst mit warmem Seifenwasser und trägt dann eine dünne Ölschicht auf, die vor Rost schützt.

Zitronensaft und Salz helfen bei der Reinigung von Marmor. Die scharfen Mittel dürfen jedoch nie lange einwirken.

✳ Versiegelter Stahl

Versiegelte Stahlmöbel stets nur nach Herstelleranweisung reinigen. Wird die Schutzschicht nämlich durch zu scharfe Mittel beschädigt, können die Metallteile anlaufen, matt oder fleckig werden.

Möbel, bei denen Stahl und Glas kombiniert sind, reinigt man in dieser Reihenfolge: Zuerst den Stahl pflegen, dann das Glas mit Zitronensaft und zerknülltem Zeitungspapier sauber polieren.

> **Wichtig!**
> *Fettflecken auf lackiertem Marmor sofort mit Seifenwasser abwischen, damit sie nicht in die Oberfläche eindringen.*

Flecken auf Böden und an Wänden

Kleine Flecken auf Teppich, Parkett oder Tapete lassen sich meist ohne viel Aufwand kaschieren. Aber auch wenn Wände oder Böden grob verschmutzt sind, muss nicht immer neu renoviert werden. Selbst hartnäckige und große Flecken lassen sich ohne Probleme beseitigen, wenn man zum richtigen Mittel greift. So erstrahlen Ihre Räume schnell wieder im alten Glanz.

GESTRICHENE WÄNDE REINIGEN

✳ Empfindliche Wände
Helle Wände sind besonders empfindlich. Auf ihnen ist jeder Fingerabdruck und selbst der kleinste Fleck sofort zu sehen. Wer kleine Kinder hat, sollte daher zumindest in den ersten Jahren auf helle Farben verzichten und die Wände in dunklen Farbtönen streichen. Auch Muster »schlucken« Schmutz.

✳ Einfaches Reinigen
Decken und Wände bleiben länger schön, wenn man sie in regelmäßigen Abständen trocken abstaubt. Wasser und Seife benutzt man nur in Ausnahmefällen.

Marmorböden
Damit Marmor-
böden nach dem
Putzen wunder-
schön glänzen,
geben Sie dem
Putzwasser einfach
etwas schwarze
Seife bei.

✳ Farbechtheit testen
Bevor ein Fleck von der Wand entfernt wird, muss die Farbe an einer versteckten Stelle auf ihre Farbechtheit geprüft werden. Sonst wird der Schaden noch größer.

✳ Flecken
Flecken an Wänden zuerst mit einem feuchten, dann mit trockenem Tuch behutsam abtupfen. Bei nicht wisch- oder waschfester Farbe dabei auf keinen Fall reiben, um die Farbe nicht zu entfernen. Oberfläche der Tapete nicht beschädigen.

✳ Getünchte Wände
Getünchte Wände kann man nicht abwaschen, da die Farbe nicht wasserfest ist. Lässt sich eine verschmutzte Wand nicht reinigen, muss die Tünche abgebürstet und die Wand neu gestrichen werden.

✳ Hohe Decken
Hohe Decken reinigt man mühelos mit einem langen, sauberen Besen.

✳ Lackierte Wände
Wände, die mit Lackfarbe gestrichen wurden, säubert man mit warmem Wasser und einem milden, seifenfreien Reiniger. Wichtig: Immer von oben nach unten wischen.

Lasierte Wände

Lasierte Wände sind nicht wasserfest. Sie dürfen nur dann feucht abgewischt werden, wenn sie auch mit Klarlack behandelt sind.

Spinnweben entfernen

Entfernen Sie Spinnweben an Wänden und Decken regelmäßig und nicht erst dann, wenn sich Fett und Schmutz in ihnen abgesetzt haben. Am besten geht das mit feuchtem Wischmopp. Ersatzweise umwickelt man einen Besen mit einem feuchten Tuch. Wenn es schnell gehen soll, saugt man die Spinnweben ab.

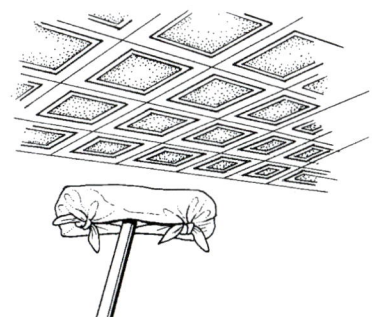

Mit einem Besen und einem feuchten Tuch lassen sich Spinnweben von Decken einfach und sauber entfernen.

Stark strapazierte Wände

Im Flur, im Treppenhaus, im Kinderzimmer und rund um alle Lichtschalter sollte man über der Wandfarbe eine dünne Schicht Klarlack aufstreichen. Die Stellen lassen sich dann auch feucht abwischen und verschmutzen weniger schnell.

Stock- und Schimmelflecken

Kleine Schimmel- oder Stockflecken bürstet man mit Essigwasser ab. Die Stelle trockenfönen und nochmals trocken abbürsten.

Wände mit Dispersionsfarbe

Sind die Wände mit Dispersionsfarbe gestrichen, reinigt man sie vor allem um die Lichtschalter herum mit feinkörniger Scheuermilch. Auch Flecken lassen sich mit Reinigerlauge oder Seifenwasser ganz einfach entfernen. Extrem verschmutzte Wände (beispielsweise in der Küche) kann man auch vorsichtig mit einem Plastikscheuerschwamm bearbeiten.

Wände mit Strukturfarbe

Mit Strukturfarbe gestrichene Wände reinigt man mit Seifenlauge, der Borax zugesetzt wurde (50 Gramm Borax auf ein Liter Wasser).

GLÄNZENDE BÖDEN

Absatzspuren auf Parkett

Schwarze Streifen auf dem Parkett, beispielsweise von Absätzen, kann man ganz einfach wegradieren.

Abschleifen

Vollholzdielen und -parkett können mehrmals abgeschliffen werden, wenn sie stark verschmutzt oder verkratzt sind. Bei Fertigprodukten hängt es von der Dicke der Nutzschicht ab, ob und wie viel geschliffen werden darf.

Flecken auf Marmor nie mit ätzenden, scharfen Mitteln beseitigen. Das könnte den edlen Stein angreifen. Feuchten Sie den Fleck stattdessen an und streuen Sie etwas Bimssteinpulver darauf. Reiben Sie den Fleck dann ganz vorsichtig mit einem in Seifenwasser getränkten Lappen ab. Mit klarem Wasser nachspülen und den Stein polieren.

> **Wichtig!**
> *Wollen Sie Fertigdielen mit dem Bandschleifer abschleifen, müssen Sie sehr sorgsam arbeiten, um die Nutzschicht nicht ganz abzutragen.*

Wenn Sie den Boden mit Holz auslegen wollen, bedenken Sie auch, dass nicht nur die Raumwirkung je nach Holzart unterschiedlich ist. Einige Holzarten (wie Eiche und Rotbuche) sind besonders strapazierfähig, andere (wie Fichte und Birke) dagegen weniger.

❋ Asphaltböden

Asphaltböden reinigt man mit einem Schwammwischer und milder Reinigungslauge und wischt sie anschließend trocken. Verzichten Sie auf den Einsatz von Scheuermitteln sowie auf Öl- oder Wachspolituren.

❋ Beton- und Zementböden

Böden aus Beton oder Zement wischt man immer feucht. Ist der Boden nicht versiegelt, darf dazu keine Seife verwendet werden, da sie sich nur schwer wieder entfernen lässt.

❋ Eingetretener Schmutz

Eingetretenen Schmutz auf Holzböden schabt man vorsichtig mit einem Messer ab (in Richtung der Holzmaserung). Danach mit Terpentinersatz abreiben, wachsen und bohnern.

❋ Fett auf Fliesen

Fettflecken auf gefliesten Böden werden schnell zu einer (Rutsch-) Gefahr. Beseitigen Sie sie möglichst schnell mit warmem Wasser, dem Sie einige Spritzer Geschirrspülmittel beigeben.

❋ Fett auf Marmor

Fettflecken auf Marmorböden lösen sich durch eine Kalk-Bimsstein-Mischung in Luft auf: Einen Esslöffel Kalk, einen Esslöffel Bimssteinpulver und zwei Esslöffel Natriumkarbonat vermischen.

❋ Flecken auf Parkett

Flecken unbekannter Herkunft reiben Sie mit Spiritus ein. Kurz einwirken lassen und wieder gründlich mit warmem Wasser entfernen.

Flecken entfernen aus Linoleum und PVC-Böden

Absatzstriche	lassen sich durch leichtes Scheuern mit der harten Seite eines Spülschwamms bestens entfernen.
Andere Flecken	reibt man vorsichtig mit feiner Stahlwolle ab – auf keinen Fall zu stark reiben! Die Stahlwolle sollte man vorher mit Terpentin oder Terpentinersatz befeuchten.
Farbflecken	die etwa durch Malerarbeiten entstanden sind, lassen sich nach etwa zehn Minuten leicht ablösen.
Lackspritzer	auf solchen Böden entfernt man vorsichtig mit einem Kunststoffspachtel. Letzte Reste werden mit Terpentinöl oder Benzin beseitigt.
Nitroverdünnung	sollte man nicht anwenden: Sie verändert die Farbe des Bodenbelags.
Teer und Asphalt	sowie Striche von Kugelschreiber und Filzstift verschwinden schnell, wenn sie sofort nach ihrer Entstehung mit Speiseöl behandelt werden: leicht auftragen, einige Minuten einwirken lassen und dann den vom Öl aufgenommenen Schmutz mit einer Spülmittellösung abwaschen.
Ältere Flecken	von Teer, Asphalt, Kuli und Filzstift lagern sich in den PVC-Kunststoff ein: Man kann sie nicht mehr beseitigen!

❋ Gestrichene Fußböden

Ist der Boden gestrichen, sollte man ihn möglichst schonend mit milden Reinigungsmitteln säubern. Möglichst wenig Wasser verwenden und den Boden nach der Reinigung gut abtrocknen. Hoch glänzenden Emaillelack wischt man behutsam mit heißem Wasser ab. Auf keinen Fall schrubben, da sonst die Oberfläche zerkratzt. Zum Schluss kann man den gestrichenen Boden wachsen.

❋ Gummiböden

Gummiböden wischt man feucht mit einem milden Allzweckreiniger. Anschließend mit Wischwachs oder speziellem Gummiwachs behandeln.

❋ Holzböden

Parkett und Dielen darf man nicht zu nass wischen, da sonst das Holz aufquillt. Ist das Wasser zu heiß, kann das Holz reißen und splittern. Bei versiegelten Holzböden reicht es aus, sie regelmäßig zu wischen. Gewachste Holzböden dürfen dagegen nicht nass gewischt werden. Man kehrt sie ein- bis zweimal wöchentlich und wachst sie in regelmäßigen Abständen neu ein. Zwischendurch sorgt eine Politur mit der Wurzelbürste für neuen Glanz.

❋ Keramikfliesen

Bodenfliesen werden nur feucht gewischt. In Badezimmer und WC sollte man dem Wischwasser einen Allzweckreiniger zusetzen.

❋ Korkböden

Diese Naturböden sind meist versiegelt und können feucht gewischt werden. Anschließend gründlich trockenreiben. Damit der Boden lang schön bleibt, muss die Wachsschicht zweimal jährlich nachbehandelt werden. Das Wachs dabei sehr sparsam auftragen. Um den Glanz zwischendurch aufzufrischen, genügt es ab und zu zu bohnern.

❋ Kunststoffböden

Alle Bodenbeläge aus Kunstsoff sind extrem pflegeleicht. Man wischt sie lediglich regelmäßig mit Wasser, dem etwas Allesreiniger beigemischt wurde. Wer den Boden zusätzlich mit Wachs behandeln will, sollte erst an einer kleinen Stelle ausprobieren, ob der Boden dadurch nicht zu rutschig wird. Achtung: Kunststoffböden dürfen niemals mit lösungsmittelhaltigen Reinigern gesäubert werden. Der Kunststoff würde sonst stumpf, Schmutz könnte sich dann sehr tief einlagern und festsetzen und ließe sich nur schwer wieder entfernen.

❋ Laminatböden

Die pflegeleichten Laminatböden werden gekehrt und feucht gewischt. Anschließend auf jeden Fall gut trocknen, sonst quillt das Material auf. Bei frisch verlegtem Laminat müssen die Fugen mit einem Spezialmittel versiegelt werden, ehe man den Boden reinigt.

Ist ein Bodenbelag aus Kork mit Vinyl beschichtet, kann auf das regelmäßige Erneuern der Wachsschicht verzichtet werden. Der pflegeleichte Bodenbelag muss nur feucht gewischt werden.

> **Wichtig!**
> **Wollen Sie Fliesen auf dem Boden verlegen, darf der Untergrund auf keinen Fall aus schwingendem Material sein.**
> **Sonst brechen die Fliesen bei Belastung.**

✳ Linoleum

Linoleumböden wischt man mit lauwarmem Seifenwasser. Flecken entfernt man behutsam und ohne zu
schrubben, damit die Oberfläche
nicht zerkratzt. Versiegelt man den
Boden, ist er pflegeleichter.

✳ Marmorböden pflegen

Marmorböden brauchen in der Regel
kaum Pflege, denn sie sind meistens
versiegelt. Beim feuchten Wischen
muss jedoch darauf geachtet werden,
dass der Boden nicht zu nass wird.
Auf keinen Fall Scheuermittel verwenden. Auch Öl, Fett und Wachs
schaden dem Marmor. Wird der
Boden fleckig oder wirft er Blasen,
sollte man einen Experten zu Rate
ziehen.

✳ Marmorböden reinigen

Schmutzflecken auf Marmor entfernen Sie mit einem weichen Lappen,
der zuvor in handwarmer Seifenlauge getränkt wurde. Spülen Sie
danach den Marmor gut mit klarem
Wasser ab und reiben Sie ihn mit
einem weichen Tuch völlig trocken.
Den Boden zum Schluss dünn mit
Speiseöl polieren.
Besonders hartnäckige Flecken beseitigt man mit Zitrone. Etwas Salz auf
eine Zitronenscheibe streuen und
damit ganz vorsichtig über den Fleck
reiben. Nicht zu fest reiben, sonst
beschädigt die Säure den Stein. Erst
mit klarem Wasser, dann mit einem
trockenen Tuch nachreiben.

✳ Mosaikböden

Matt gewordene Mosaikfliesen glänzen wieder, wenn man zerknülltes
Zeitungspapier oder ein Fensterleder
in Salmiaklösung taucht und die
Fliesen damit abreibt.
Flecken unterschiedlichster Herkunft entfernen Sie am besten und
schnellsten mit Zitronensaft.
Anschließend nicht vergessen, mit
klarem Wasser nachzuwischen.

✳ Natursteinfliesen

Unglasierte Natursteinfliesen werden nach dem Verlegen sofort mit
Leinöl imprägniert. Anschließend
dürfen sie zwei Wochen nicht
feucht gewischt werden, damit das
Öl tief in die Oberfläche eindringen kann. Bei so behandelten Fliesen kann auf silikonhaltige Polituren getrost verzichtet werden.

✳ PVC ausbessern

Viel schlimmer als ein Fleck ist ein
Loch im PVC-Boden, das von
herabgefallener Zigarettenglut oder
von einem scharfen Gegenstand verursacht wurde. Man muss dann die
beschädigte Stelle mit einem scharfen Teppichmesser rundum ein-
schneiden. Eine dünne Lage Zeitungspapier auflegen und mit dem
heißen Bügeleisen so lange über den
Boden fahren, bis sich das PVC löst.
Aus einem PVC-Rest ein passendes
Stück zuschneiden, mit Kleber
bestreichen und einsetzen. Mit
einem Ziegelstein beschweren.

✳ Schiefer- und Steinböden

Diese Böden reinigt man mit Wasser und Haushaltsreiniger. Besonders glänzend werden sie, wenn man nach dem Wischen und Trocknen Zitronenöl aufträgt. Überschüssiges Öl mit einem trockenen Tuch entfernen. Steinböden schützt man mit Zementversiegelung und Wachs.

✳ Schwarze Streifen

Schwarze Streifen, beispielsweise von Schuhabsätzen, verschwinden, wenn sie mit farbloser Schuhcreme eingerieben werden.

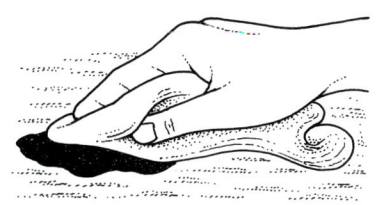

Farblose Schuhcreme ist ein hervorragendes Mittel gegen schwarze Spuren auf dem Parkett. Sie werden einfach weggerieben.

✳ Terrazzoböden

Sie werden gekehrt und nur dann feucht gewischt, wenn sie stark verschmutzt sind. Man darf Terrazzo niemals mit Salmiak oder Borax behandeln, da sonst die Oberfläche leidet. Stattdessen benutzt man warmes Wasser, dem einige Tropfen Spülmittel beigemischt wurden.

✳ Wasserflecken auf Fliesen

Wasserflecken mit Kalkrändern lassen sich von Fliesen mit Essigwasser mühelos abwaschen.

✳ Wasserflecken auf Parkett

Wasserflecken auf Holzböden verschwinden, wenn sie mit Leinöl bestrichen werden.

HOLZPANEELE

✳ Farblos lackiertes Holz

Farblos lackiertes Holz wischt man mit Wasser, das einige Tropfen Spülmittel enthält. Oder man verwendet handelsübliche Möbelpolitur.

✳ Feine Kratzer beseitigen

Feine Kratzer auf unbehandelten Holzpaneelen kann man mit feiner Stahlwolle und etwas Terpentinersatz glätten. Dabei immer in Richtung der Holzmaserung reiben. Zum Schluss die Paneele mit einem Wolllappen ganz blank polieren.

✳ Lackiertes Holz

Lackierte Wandpaneele werden mit Seifenlauge abgewaschen, wenn sie verschmutzt sind. Verwenden Sie niemals Scheuerpulver, da es Kratzspuren im Lack hinterlässt.

✳ Schimmelflecken

Schimmelstellen auf Holzpaneelen trockenfönen und mit einer Wurzelbürste abreiben. Anschließend mit einem Möbelpflegemittel polieren.

Kratzer in gewachsten Holzböden schleift man mit möglichst feinem Schleifpapier heraus. Anschließend wird die Stelle mit Antikwachs poliert, bis sie nicht mehr zu sehen ist.

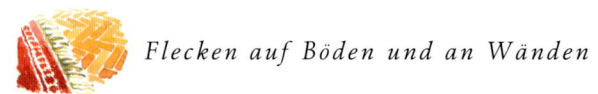
Fleckenentfernung an Wänden

Art der Wand | Fleckenentfernung

Gestrichene Wände: Dispersionsfarbe
- Kritzeleien lassen sich oft mit Reinigerlauge abwaschen.
- Kugelschreiberstriche entfernt man manchmal mit Spiritus oder Terpentinersatz.
- Wachsmalkreide lässt sich manchmal wegradieren.
- Fettflecken entfernt man mit starker Reinigerlauge, der man etwas Terpentinersatz zugibt.

Tapete: nicht abwaschbar oder wischfest
- Nicht identifizierbare Flecken mit Brot abreiben.
- Kein Wasser benutzen.
- Bei Kritzeleien aus Wachsmalkreide zunächst das Wachs mit Bügeleisen und Löschpapier aufsaugen; dann noch bestehende Flecken vorsichtig mit Terpentinersatz betupfen oder mit feuchtem Tuch und Natron abreiben.
- Fett mit warmem Bügeleisen und Löschpapier aufsaugen.

Tapete: Gras und Sackleinen
- Nicht identifizierbare Flecke mit Talkumpuder betupfen, einwirken lassen, dann vorsichtig abbürsten.
- Kein Fleckenwasser verwenden.
- Fett: mit Terpentinersatz abtupfen (Farbechtheit prüfen) – besser: überkleben.
- Kritzeleien: überkleben.

Tapete: Seide
- Jegliche Reinigung einem Fachmann überlassen.

Tapete: Stoff
- Nicht identifizierbare Flecken mit milder Waschmittellauge behandeln.

Tapete: Struktur und Vinyl
- Wachsmalkreiden lassen sich auch mit Fleckenwasser und einem Schwämmchen entfernen. Leicht über Striche wischen und mit feuchtem Tuch nachbehandeln.
- Fett mit Talkumpuder betupfen, einige Stunden einwirken lassen und dann vorsichtig abbürsten.

Holzpaneele
- Nicht identifizierbare Flecken: bei gewachstem Holz mit Möbelpolitur behandeln.
- Bei versiegeltem Holz mit milder Reinigerlauge abwaschen, mit klarem Wasser nachwischen und trocken polieren.
- Kritzeleien mit milder Reinigerlauge benetzen, dann mit Terpentinersatz und einem Wattebausch abtupfen.

Sichtmauerwerk und Putz
- Nicht identifizierbare Flecken mit warmer Reinigerlauge und einer Hand voll Waschsoda abwaschen; gründlich nachspülen. Kritzeleien mit Farbverdünner abtupfen, dann abkratzen, mit Reinigerlauge nachwischen.
- Fett mit Terpentinersatz und Schwammtuch abreiben.

❋ Versiegeltes Holz

Versiegelte Holzoberflächen müssen lediglich regelmäßig abgestaubt werden. Stärkere Verschmutzungen kann man mit Schwamm und etwas Reinigerlauge ganz einfach abwischen.

TAPETEN REINIGEN

❋ Abwaschen

Heutzutage kann man viele Tapeten abwaschen. Man muss sie jedoch vor der feuchten Reinigung auf jeden Fall gründlich abstauben und von Spinnweben befreien.

❋ Dicke Tapeten

Dicke Tapeten, die nicht mit Vinyl beschichtet sind, lassen sich meist nicht abwaschen. Man kann sie lediglich vorsichtig mit einem sehr weichen Schwamm abwischen, der in milde Seifenlauge getaucht und dann gut ausgedrückt wurde.

❋ Einfache Tapeten

Bei nicht abwaschbaren Papiertapeten ohne besondere Beschichtung reicht es aus, wenn man sie hin und wieder mit dem Staubtuch abreibt.

❋ Decken

Wer keinen Staubwedel besitzt, kann die Zimmerdecken auch mit einen Besen abwischen, der mit einem Staubtuch umwickelt wurde. Damit erreicht man wirklich alle Ecken und Winkel.

❋ Fettflecken

Gegen Fettflecken auf der Tapete helfen Ton und Wasser. Beides zu einem dicken Brei vermischen und diesen auf die verschmutzten Stellen auftragen. 24 Stunden einwirken lassen, danach mit reinem Wasser abwaschen. Dabei nicht reiben. Fettflecken lassen sich auch mit einem in Waschbenzin getränkten Wattebausch entfernen. Eine weitere einfache Möglichkeit besteht darin, die Fettflecken mit einem Löschblatt zu entfernen. Das Papier an die Wand drücken und mit einem mäßig warmen Bügeleisen darüber gehen. Reste mit Borax beseitigen.
Sie können Fettflecke aber auch mit Stärkemehl beseitigen. Etwas Stärkemehl mit kaltem Wasser zu einer dicken Paste rühren und diese auf den Fleck auftragen. Die Paste trocknen lassen und dann vorsichtig abbürsten. Eventuell wiederholen.

❋ Flecken abtupfen

Flecken auf Tapeten immer zuerst behutsam mit einem feuchten, dann mit einem trockenen Tuch abtupfen. Dabei auf keinen Fall reiben, um die Oberfläche der Tapete nicht zu beschädigen.

❋ Flecken auf Raufasertapeten

Leichte Flecken auf der Raufasertapete lassen sich mit einem weichen, nicht schmierenden Radiergummi aus Kunststoff schnell und einfach wieder entfernen.

Kann man die Tapete an einer Stelle nicht mehr reinigen, reißt man aus einem Reststück ein passendes Stück aus und klebt es auf die Wand. Das Ersatzstück nicht ausschneiden, da sonst die Ränder später zu stark zu sehen sind.

> *Wichtig!*
> *Will man das Badezimmer mit Raufaser tapezieren, sollte man sie mit Kunstharzfarbe streichen. Dann haben Stock- und Wasserflecken später keine Chance.*

Wachsmalkreiden lassen sich mit Fleckenwasser und einem Schwämmchen gut von Strukturtapeten entfernen. Dabei nicht fest reiben, sondern immer nur leicht wischen.

✳ Flecken an Nahtstellen

An den Stellen, an denen zwei Tapetenbahnen aufeinander treffen, können durch ausgetretenen Kleister Flecken enstehen. Man kann diese Flecken zwar nicht ganz entfernen, sie werden jedoch schwächer, wenn man sie mehrmals mit einem feuchten Tuch abtupft.

✳ Flecken wegradieren

Mit einem weichen Radiergummi oder zusammengeknetetem Brot lassen sich die meisten Flecken ganz einfach von der Tapete entfernen. Man fährt mit leichten, kreisenden Bewegungen über die Tapete – immer von oben nach unten. Aufwärtsbewegungen sollte man ebenso vermeiden wie zu heftiges Radieren, da die Tapetenoberfläche sonst leiden könnte. Während des Reinigens muss der Radiergummi (oder das Brot) immer wieder gedreht werden, damit er stets sauber ist.

✳ Korktapeten versiegeln

Korktapete wird besonders pflegeleicht, wenn man sie mit Mattglanz versiegelt. Anschließend kann man die Wände ebenso reinigen wie abwaschbare Tapeten.

> **Wichtig!**
> *Fettflecken auf Vinyltapeten vorsichtig mit Terpentinersatz betupfen.*

✳ Schutzbeschichtete Tapeten

Sind die Tapeten schutzbeschichtet, lassen sie sich ganz problemlos mit warmem Seifenwasser abwaschen. Gut mit klarem Wasser nachspülen und trockenwischen.

✳ Pflegehinweise

Jeder Tapetenrolle liegt beim Kauf eine Pflegeanweisung bei. Diese sollte man unbedingt aufheben, damit man auch nach längerer Zeit noch weiß, wie die Tapete gepflegt werden muss und welche Art der Reinigung sie verträgt.

✳ Rußflecken

Rußflecken an den Wänden lassen sich mit Brot beseitigen. Einfach den Fleck mehrmals mit einer Brotrinde »abwischen«.

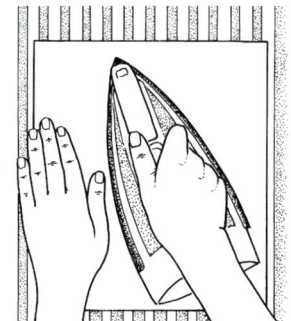

Fettflecken auf Papier- oder Stofftapeten werden mit Hilfe eines Bügeleisens und Löschpapier ganz einfach entfernt.

✳ Stofftapeten

Tapeten aus Stoff werden bei der Reinigung erst mit einem weichen Tuch abgestaubt und dann vorsichtig mit der Polsterdüse des Staubsaugers abgesaugt. Man kann die relativ empfindlichen Stofftapeten auch vorsichtig mit einem leicht angefeuchteten und sehr gut ausgewrungenem Tuchreinigen.

Strukturtapeten aus Vinyl

Diese Spezialtapeten wäscht man mit einer Lauge aus Haushaltsreiniger und Wasser und einem dicken, saugfähigen Tuch ab. Vinyltapeten sind zwar recht pflegeleicht, man muss sie jedoch öfter abstauben als andere Tapeten. Bleibt der Schmutz nämlich zu lange auf ihnen haften, werden sie spröde. Für Flecken auf Vinyltapeten bietet der Fachhandel spezielle Fleckentferner an.

Unbekannte Flecken

Generell gilt, dass man an Flecken unbekannter Herkunft mit besonderer Vorsicht herangehen sollte. Wenn Sie nicht wissen, woher die Verschmutzungen stammen, behandeln Sie sie erst einmal mit einem weichen Radiergummi. Hilft das nichts, werden die Tapeten mit Hafermehl wieder sauber. Etwas feines Mehl auf ein Tuch geben und damit den Fleck bearbeiten (nicht zu fest schrubben). Wer dem Fleck mit flüssigen Mitteln zu Leibe rücken will, versucht es zuerst an einer kleinen Stelle mit Essig, Weingeist oder auch Zitronensaft. Auch einfacher Seifenschaum kann helfen. Löst sich der Schmutz, kann der ganze Fleck behandelt werden. Anschließend mit klarem Wasser nachreinigen. Bei hartnäckigeren Flecken taucht man einen Wattebausch in eine Mischung aus Benzin und Magnesium. Einwirken lassen und mit frischer Watte nachreiben.

TEPPICHE REINIGEN

Alleskleber

Versuchen Sie es mit ölfreiem (!) Nagellackentferner. Probieren Sie vorher an einer unsichtbaren Stelle aus, wie Ihr Teppich auf diese Behandlung reagiert. Verträgt er den Nagellackentferner, betupfen Sie den Kleberfleck ganz vorsichtig am Rand. Versuchen Sie ihn dann mit einem Messer zu lösen und behandeln Sie die Stellen, an denen der Kleber noch haftet, mit Nagellackentferner nach.

Aufhellen

Ist der Teppich im Ganzen verschmutzt, streuen Sie großzügig Salz auf. Lassen Sie das Salz eine Stunde einwirken und saugen Sie es dann ab.

Blutflecken

Etwas Mineralwasser auf den Fleck schütten und die Flüssigkeit sofort mit Haushaltspapier oder Papiertaschentüchern aufsaugen. Diese Behandlung so lange wiederholen, bis der Fleck nicht mehr zu sehen ist.

Eiflecken

Das Ei erst eintrocknen lassen und dann kräftig ausbürsten.

Farben auffrischen

Essigwasser bringt die Farben Ihres Teppichs wieder zum Leuchten. Lauwarmes Essigwasser (ein Glas Essig auf 20 Gläser Wasser) mit Hilfe

Kleine Brandlöcher im Teppichboden stanzt man mit einem Locheisen aus. Aus einem Reststück einen entsprechend großen Kreis ausstanzen, auf der Rückseite mit Alleskleber bestreichen und in den Boden einsetzen. Mit einem Stuhlbein oder mehreren Telefonbüchern beschweren.

Fleckenwasser
Bevor Sie sich für ein industrielles Fleckenwasser entscheiden, lesen Sie ganz genau die Gebrauchsanleitung durch. Beachten Sie, dass viele Mittel feuergefährlich und gesundheitsschädlich sind.

eines Schwamms auf den Teppich auftragen und gut einreiben. Dann trocknen lassen.

✳ Fettflecken

Streuen Sie sofort Mehl auf den frischen Fleck. Lassen Sie das Mehl eintrocknen und saugen oder bürsten Sie es dann ab. Letzte Spuren können Sie mit Weingeist behandeln.

✳ Gemüseflecken

Wenn das Mittagessen Spuren auf dem Teppich hinterlassen haben sollte, reiben Sie die Gemüseflecken mit einer verdünnten Boraxlösung aus. Anschließend behandeln Sie den Fleck mit kaltem Wasser nach.

✳ Grasflecken

Reiben Sie Grasflecken mit verdünntem Salmiakgeist ein. Mit warmem Seifenwasser (warmes Wasser und etwas Feinwaschmittel) behandeln Sie den Fleck nach. Abschließend mit klarem Wasser nachwischen.

✳ Honigflecken

Frische, aber auch getrocknete Honigflecken lassen sich ganz leicht mit lauwarmem Wasser auswaschen.

✳ Kaffeeflecken

Versuchen Sie zuerst, die Kaffeeflecken mit einer sanften Seifenlösung zu entfernen. Nützt das nichts, behandeln Sie den Fleck mit einer warmen Boraxlösung.

✳ Kaugummi

Füllen Sie einen Plastikbeutel mit Eiswürfeln und legen sie ihn auf den Kaugummi. Nach einem kurzem »Kälteschock« wird das klebende Ungetüm brüchig und kann problemlos durch kräftiges Bürsten entfernt werden. Letzte Spuren beseitigen Sie mit Alkohol – wenn es dem Teppich nicht schadet.

Eiswürfel leisten gute Dienste, wenn sich Kaugummi festgetreten hat. Der Kaugummi gefriert und lässt sich leicht abkratzen.

✳ Kugelschreiberflecken

Sprühen Sie Kugelschreiberflecken mit Haarspray ein und lassen Sie dieses kurze Zeit einwirken. Dann waschen Sie den Fleck mit Essigwasser aus.

✳ Make-up-Flecken

Rücken Sie den Verschmutzungen mit Spülmittellösung auf die Faser. Einfach etwas Spülmittel mit Wasser verrühren und den Fleck damit behandeln. Anschließend mit reinem Wasser nachreiben.

✳ Malerfarben

Farbspritzer mit lauwarmem Wasser betupfen. Dann mit einem essiggetränkten Tuch nachreiben und den Teppich trocknen lassen.

✳ Marmeladeflecken

Ist das Marmeladenbrot auf dem Teppich gelandet? Keine Panik, mit etwas warmem Wasser und ein klein wenig Feinwaschpulver ist der Fleck schnell verschwunden.

✳ Mayonnaiseflecken

Zuerst kratzen Sie mit Hilfe eines Messers so viel Mayonnaise wie möglich vom Teppich. Dann tupfen Sie den Fleck vorsichtig mit lauwarmem Wasser ab. Anschließend wird er nochmals mit Spiritus oder Weingeist nachbehandelt.

✳ Milch

Milchflecken sollte man immer sofort entfernen, der Geruch bleibt sonst sehr lange haften. Vorweg mit kaltem Wasser abtupfen, dann mit Weingeist, Spiritus oder verdünntem Salmiakgeist nachbehandeln. Mit lauwarmem Wasser nachreiben.

✳ Obstflecken

Sofort mit kaltem Wasser aufwischen und trockentupfen. Zum Entfernen von Resten verwendet man Seifenspiritus. Vor allem bei dunklen Obstflecken hilft es oft auch, sie zusätzlich mit Zitronensaft zu beträufeln.

✳ Ölfarbflecken

Zunächst kratzt man vorsichtig so viel Farbe wie möglich ab und entfernt den Fleck danach mit Terpentin- oder Salmiakgeist. Mit einem in klares Wasser getauchten Lappen gründlich nacharbeiten.

✳ Puddingflecken

Mit einer Mischung aus Glyzerin und Salmiakgeist lassen sich neue und alte Puddingflecken sehr gut aus dem Teppich entfernen. Da die im Pudding enthaltene Milch eiweißhaltig ist, dürfen die Flecken nie mit warmem oder gar heißem Wasser behandelt werden.

Schnelle Reaktion bei frischen Flecken

- Lassen Sie den Fleck auf keinen Fall eintrocknen.

- Greifen Sie sofort zum sauberen Hand- oder Geschirrtuch oder Küchenpapier.

- Nehmen Sie so viel Flüssigkeit wie möglich auf.

- Vermeiden Sie es, allzu sehr zu reiben.

- Bearbeiten Sie den Fleck immer von außen nach innen, um Ränder zu vermeiden.

- Fleckenmittel sollten Sie nur dann einsetzen, wenn der Fleck sich im nassen Zustand nicht entfernen ließ und bereits vollkommen ausgetrocknet ist.

Hartnäckige Heidelbeerflecken mit Zitronensaft oder saurer Milch beträufeln, da beides den dunklen Fleck ausbleicht. Die letzten Schatten mit Seifenlauge ausreiben.

Rostflecken
Rostflecken werden wie Rotweinflecken erst mit Zitronensaft beträufelt und dann mit Salz bestreut. Einweichen lassen und absaugen. Den Teppich mit Seifenlauge oder einem Teppichshampoo nachbehandeln.

Nagellackflecken sind nur schwer wieder zu entfernen. Am besten versucht man es mit Reinigungsbenzin. Den Teppich vorher unbedingt an einer versteckten Stelle auf Farbechtheit prüfen.

✳ Punsch

Frische Punschflecken beseitigt man am besten sofort mit heißem Wasser. Ältere Flecken reibt man dagegen mit verdünntem Spiritus aus dem Teppich. Die letzten Rückstände entfernt man mit Wasserstoffsuperoxyd, dem man etwas Salmiakgeist zusetzt. Um Schwindel und Übelkeit zu vermeiden, sollten vor allem empfindliche Menschen bei geöffnetem Fenster arbeiten.

✳ Rotweinflecken

Streuen Sie großzügig Salz auf den Fleck, da es den Rotwein aufsaugt. Das Salz einwirken lassen und dann absaugen. Bereits eingetrocknete Rotweinflecken feuchten Sie mit etwas kaltem Wasser an, ehe Sie das Salz daraufschütten. Ist der Fleck trotz der Salzbehandlung noch nicht ganz verschwunden, behandeln Sie ihn mit klarem Wasser. Dabei immer von außen nach innen reiben, um zu vermeiden, dass später Ränder zu sehen sind.

✳ Rußflecken

Harzflecken Wer einen Kachelofen oder einen offenen Kamin besitzt weiß, wie schnell Ruß auf den Teppichboden gelangen kann. Versuchen Sie auf keinen Fall, den Ruß mit einem feuchten Tuch zu entfernen, Sie würden das Gegenteil erreichen. Streuen Sie stattdessen etwas Mehl auf die schmutzige Stelle. Lassen Sie es kurz einwirken und saugen Sie es dann ab.

Harzflecken von Möbelstücken kann man mit Reinigungsbenzin entfernen (Farbechtheit prüfen!). Anschließend mit klarem Wasser nachreiben.

✳ Schimmelflecken

Auf hellen Teppichen bestreicht man sie mit einem Brei aus verdünntem Salmiakgeist und Kartoffelmehl. Trocknen lassen und gut ausbürsten. Mit Alkohol nachreiben. Schimmelflecken auf dunklen Teppichen reibt man mit einer Mischung aus ein Teil Salmiakgeist und vier Teilen Wasser ein. Mit viel klarem Wasser nachbehandeln.

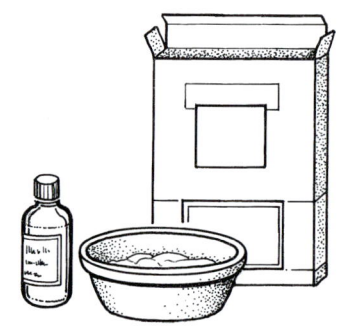

Ein Brei aus Salmiakgeist und Kartoffelmehl beseitigt Schimmelflecken von hellen Teppichen auf natürliche Art.

✳ Sektflecken

Sektflecken auf dem Teppichboden entfernt man mit warmem, reinem Wasser, jedoch nie mit Seifenwasser.

✳ Schmutzflecken

Streuen Sie Salz auf die noch feuchten Schmutzstellen und lassen Sie es einige Zeit einziehen, damit es den Schmutz aufsaugt. Nach etwa 20 bis 30 Minuten können Sie dann Salz plus Schmutz ohne Probleme wegsaugen.

❋ Schokoladenflecken

Die dunkle, fetthaltige Masse kratzt man zunächst so gut es geht mit einem Messer ab. Probieren Sie dann zuerst, die Verunreinigungen mit einer schwachen kalten Seifenlauge zu entfernen. Dafür lösen Sie etwas Feinwaschmittel in kühlem Wasser auf und bearbeiten damit den Fleck. Zum Abschluss der Behandlung den Fleck mit einer dicken Lage Küchenpapier gut trocknen. Bei Bedarf die gesamte Prozedur wiederholen.

❋ Teeflecken

Entfernen Sie Teeflecken mit einer sanften Seifenlösung. Verschwinden sie nicht, behandeln Sie sie noch mit warmer Boraxlösung.

❋ Teerflecken

Versuchen Sie die hartnäckigen Teerflecken vorsichtig mit Weingeist zu entfernen, indem Sie immer wieder mit einem sauberen Stück Tuch auf die verschmutzte Stelle tupfen. Auf keinen Fall reiben, da der Teer sonst noch tiefer in die Faser dringt.

❋ Tintenflecken

Eine ungewöhnliche, aber sehr wirksame Hilfe bei Tintenflecken: Tränken Sie einen Wattebausch mit etwas Milch und drücken Sie ihn auf den hässlichen Fleck. Bereits nach kurzer Einwirkungszeit können die kümmerlichen Fleckenreste mit etwas Seifenlauge ganz einfach und spurlos beseitigt werden.

❋ Urinflecken

Nehmen Sie erst einmal mit einem saugfähigen Tuch die Flüssigkeit auf. Dann waschen Sie den Fleck mit Seifenlauge aus, die mit einem Schuss Essig »verfeinert« wurde. Anschließend die Stelle so gut wie möglich mit Küchenpapier trocknen.

❋ Wachsflecken

Lassen Sie das Wachs erkalten und entfernen Sie es ganz vorsichtig (beispielsweise mit einem Messer). Dann legen Sie mehrere Lagen Toilettenpapier auf den Fleck und bügeln ihn vorsichtig aus (Temperatur für Seide und Wolle). Die Behandlung mehrmals wiederholen.

❋ Wasserflecken

Versuchen Sie zuerst, die Wasserflecken mit Essig auszubürsten. Haben Sie keinen Erfolg, greifen Sie zu verdünntem Salmiakgeist. Zum Schluss feucht nachreiben.

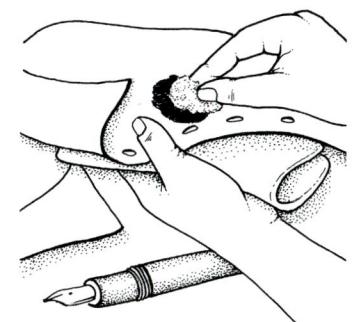

Tinte lässt sich nicht nur aus Teppichen, sondern auch aus allen anderen Textilien mit Milch sehr gut wieder entfernen.

Colaflecken auf dem Teppich möglichst schnell behandeln, da das Erfrischungsgetränk eine leicht ätzende Wirkung hat. Wartet man zu lange, kann der Teppich deshalb ausbleichen. Wollteppiche behandelt man mit in lauwarmem Wasser gelöstem Feinwaschmittel. Bei anderen Teppichen genügt normale Seifenlauge.

> **Wichtig!**
> *Flecken immer sofort entfernen, da man nach einiger Zeit oft nicht mehr weiß, wodurch sie entstanden sind.*

93

SAUBERE FENSTER UND TÜREN

Saubere Fenster und Türen sind die Visitenkarte eines Hauses. Und wenn man die richtigen Tipps kennt, geht diese meist wenig beliebte Arbeit auch zügig voran. Selbst altes und blindes Glas wird mit der richtigen Pflege schnell wieder blitzblank. Und die Türen? Gereinigt und mit frisch polierten Beschlägen heißen sie jeden Gast herzlich willkommen.

FENSTERRAHMEN

✳ Alurahmen

Moderne Aluminiumrahmen wäscht man mit heißer Seifenlauge ab. Da die Oberfläche sehr kratzempfindlich ist, darf man bei der Reinigung niemals Scheuerpulver verwenden. Stark verschmutzte Alurahmen, die man mit den üblichen Mitteln nicht sauber kriegt, kann man vorsichtig mit ganz feiner Stahlwolle oder Reinigungspads abreiben. Allerdings lassen sich auch bei dieser Methode dauerhafte Kratzer nicht vermeiden.

Fensterkanten
Vor dem Lackieren alle Kanten des Fensterrahmens mit Schleifpapier leicht abrunden. Denn an scharfen Kanten springt die Farbe schneller wieder ab als an runden.

✳ Fliegendreck

Fliegendreck auf Holzrahmen lässt sich mit einem angefeuchteten, rauen Tuch (zum Beispiel einem Frottierhandtuch) nach kurzem Einwirken leicht abreiben.

✳ Gewachste Holzrahmen

Sind die Fensterrahmen mit Wachs eingelassen, müssen sie nach dem Reinigen nachpoliert werden.

✳ Kunststoffrahmen

Verschmutzte Kunststoffrahmen einfach mit Seifenlauge abwischen.

✳ Lackierte Holzrahmen

Lackiertes Holz wird nur feucht abgewischt. Das Wasser dabei oft wechseln, da sonst der Schmutz wieder zurück auf den Fensterrahmen gelangt. Stark verschmutzte Rahmen kann man mit Scheuermilch und einem sehr weichen Lappen reinigen. Jedoch nicht zu fest reiben, um die empfindliche Oberfläche nicht zu zerkratzen.

✳ Schwierige Ecken

Von schwer erreichbaren Ecken, etwa dem Fensterfalz, saugt man Staub und Schmutz mit der Fugendüse des Staubsaugers ab.

✳ Versiegelte Holzrahmen

Mit Lack oder Wachs versiegelte Rahmen putzt man mit kaltem Tee oder vorsichtig mit Scheuermilch. Dann trocken nachpolieren.

✳ Vorbereitungen

Nehmen Sie vor dem Reinigen der Fensterrahmen Gardinen und Vorhänge ab, damit sie Sie beim Arbeiten nicht stören. Außerdem verhindern Sie dadurch, dass sie versehentlich verschmutzt werden. Auch die Fensterbänke abräumen, damit man sich frei bewegen kann.

FLECKEN ENTFERNEN

✳ Aufkleber entfernen

Aufkleber an neuen Fenstern sind oft schwer zu entfernen. Man weicht sie am besten mit warmem Wasser auf und hebt sie dann mit einer scharfen Rasierklinge in einer Richtung ab. Die Rasierklinge dabei ganz flach über das Glas führen, damit dieses nicht zerkratzt.

✳ Farbspritzer

Frische Farbspritzer lassen sich ganz leicht mit Terpentin, Fleckenwasser oder Nagellackentferner ablösen. Eingetrocknete Farbe dagegen weicht man mit Terpentin auf und wischt sie dann behutsam ab.
Auch mit einer einfachen Rasierklinge lassen sich Farbspritzer hervorragend vom Glas kratzen. Ist die Farbe entfernt, wird das Glas mit Lackverdünner nachbehandelt. Um auch noch die letzten Spuren restlos zu beseitigen, tragen Sie eine dicke Schicht grüne Seife auf, lassen sie kurz einwirken und entfernen sie dann mit viel Wasser.

✳ Fensterkitt

Fensterkitt ist stark fetthaltig. Die Flecken lassen sich deshalb am besten mit Salmiakgeist oder auch Terpentin entfernen.

✳ Fliegendreck auf Fensterglas

Im Sommer hinterlassen Fliegen gerne ihren Dreck auf den Fensterscheiben. Er lässt sich am besten mit warmem Schwarztee entfernen.

✳ Vorsicht Kratzspuren

Flecken auf Fensterscheiben sollten niemals mit Topfkratzern, Stahlwolle oder Scheuerpulver bearbeitet werden, da sie sonst verkratzen.

SAUBERE SCHEIBEN

✳ Altes Glas

Alte Scheiben sind extrem zerbrechlich. Man wischt sie nur ab und zu behutsam feucht ab. Auf keinen Fall mit scharfen Mitteln reinigen.

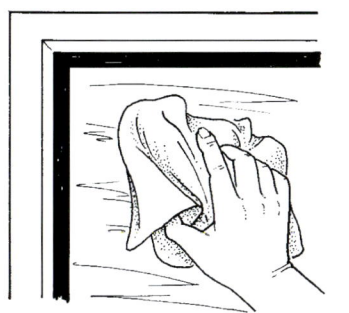

Fenster immer mit einem weichen, fusselfreien Lappen reinigen. Zum Polieren eignet sich Fensterleder oder Zeitungspapier.

Das Fensterleder nach Gebrauch mit warmem Seifenwasser auswaschen. Klar nachspülen und an einem luftigen Ort trocknen lassen. Besonders gründlich reinigt man Fensterleder mit einem milden Haarshampoo.

> **Wichtig!**
> *Soll das Leder auf Dauer weich bleiben, darf man es nur mit warmem Salzwasser spülen. Bereits harte Fensterleder legt man in etwas Salmiakgeist und wäscht sie dann gut in Shampoowasser durch.*

✳ Bemaltes Glas

Um zu verhindern, dass sich die Far-be löst, werden bemalte Fenster nicht abgewaschen. Man staubt sie stattdessen mit einem dicken, sehr weichen Pinsel ab.

✳ Bleiverglasungen

Bei Fenstern mit Bleiverglasung soll-te man mindestens einmal jährlich prüfen, ob die Bleistege an allen Stellen richtig halten. Schadhafte Stellen erkennt man daran, dass die von ihnen gefassten Scheibchen schief stehen. Auch Brüche in den Bleistegen sind gut zu erkennen. Ist das Fenster beschädigt, muss die wertvolle Verglasung vom Fach-mann repariert werden.

✳ Blindes Glas

Blinde Fensterscheiben werden wieder blank, wenn man mit einem Wolllappen darüberreibt, den man vorher mit Oliven- oder Leinöl getränkt hat. Anschließend lässt man das Öl auf dem Fenster etwa eine Stunde einwirken und reibt dann mit Seidenpapier nach. An-schließend wie gewohnt putzen.

✳ Blindes Isolierglas verhindern

Auch moderne Isolierglasscheiben können blind werden, zum Beispiel wenn sich Kondenswasser zwischen den Scheiben bildet. Um dies zu verhindern, sollte man die äußere Dichtstofffuge von Zeit zu Zeit vom Fachmann nachsiegeln lassen.

✳ Fensterputzen für Eilige

Wenn es mal ganz schnell gehen muss, putzen Sie die Scheiben von innen mit einem gründlich in Essig eingeweichten Tuch.

✳ Fliegenstopp

Fenster, andere Glasflächen und Spiegel bleiben von Fliegenschmutz verschont, wenn man die Flächen vorbeugend mit Essigwasser oder Salmiakgeist abreibt.

✳ Glasreiniger

Saubere Kartoffelschalen sind ein toller Glasreiniger. Man übergießt sie mit kochendem Wasser und reibt die Scheiben mit ihnen ab. An-schließend mit einem weichen, nicht fusselnden Tuch nachpolieren.

✳ Glasscheiben an Möbeln

Zur Reinigung dünner Gläser in Vitrinen, Bücherschränken und alten Schränken genügt ein regel-mäßiges, trockenes Staubwischen. Nur bei starker Verschmutzung rei-nigt man sie mit in Spiritus getauch-ter Watte. Niemals zu viel Spiritus verwenden und mit dem Bausch immer kreisförmig über die Schei-ben reiben, damit keine Streifen auf dem Glas zurückbleiben. Den Wat-tebausch zwischendurch möglichst oft erneuern, damit sich der bereits gelöste Schmutz nicht wieder auf der Scheibe verteilt. Buntes Glas nie feucht reinigen, damit sich die Farbe nicht löst.

✳ Klare Fensterscheiben

Geben Sie einen Schuss Spiritus ins Putzwasser und verwenden Sie zum Putzen ein Fensterleder. Damit das Leder weich bleibt, waschen Sie es nach Gebrauch in Salzwasser aus.

✳ Kleine Scheiben

Oberlichte, Lamellenfenster oder unterteilte Sprossenfenster reinigt man nur mit dem Fensterleder: Das Leder im Putzwasser gründlich anfeuchten und gut ausdrücken. Beim Glasputzen immer von den Rändern zur Mitte hin arbeiten, um die Rahmen nicht zu verschmutzen. Mit einem trockenen, fusselfreien Tuch nachwischen, damit später keine Streifen zu sehen sind.

✳ Kratzer vermeiden

Fensterscheiben nie mit Nylontopfkratzern, Stahlwolle oder Scheuerpulver reinigen. Sie verkratzen die glatte Oberfläche. Auch Ringe sollte man zum Fensterputzen ablegen, da auch sie scharf genug sind, das Glas zu zerkratzen.

Wer seine Fenster mit einem Leder reinigt, sollte auf scharfe Putzmittel verzichten, da sie dem Leder seine natürlichen Fettstoffe entziehen. Besser ist es daher, nur mit Wasser, eventuell mit einem Spritzer Spiritus oder Essig, zu putzen.

Fensterputzen mit System

- Mit dem Schwamm feuchtet man die Fensterscheibe und die Gummikante des Fensterwischers an. Er quietscht dann beim Arbeiten nicht. Außerdem liegt ein angefeuchteter Gummiwischer gleichmäßiger auf der Scheibe auf.

- Dann werden die Fensterscheiben mit einem Schwammtuch vorgesäubert. Statt eines Schwammtuchs kann man auch ein anderes, fusselfreies Tuch verwenden.

- Mit einem Fensterwischer (gibt es im Handel in Breiten von 35 und 45 Zentimeter) das Wasser abziehen.

- Man zieht den Wischer am oberen Fensterrand mit leichter Schrägneigung quer über die Scheibe. Danach den Gummi wieder mit dem feuchten Tuch abwischen und den Wischer horizontal auf die bereits getrocknete Fläche setzen und senkrecht nach unten ziehen. Wiederum den Gummi abwischen, und den Wischer nach demselben Schema unmittelbar daneben abermals nach unten ziehen – so oft, bis die Scheibe komplett gesäubert ist.

- Bei den einzelnen »Senkrecht-Touren« sollte man immer so weit links ansetzen, dass man etwas trockene Fläche »mitnimmt«. So läuft das Wasser nicht nach unten ab.

- Schwammtuch unterhalten, damit kein Wasser auf den Boden tropft.

- Nach jeder Bahn den Wischgummi mit einem Tuch trocknen, damit keine Streifen entstehen.

- Zum Schluss die Kanten der Glasscheibe mit einem Leder (oder einem fusselfreien Tuch) abstreichen, auf die Ecken achten.

Wichtig!

Wer kleine Löcher im Glas kaschieren will, betupft sie mit klarem Nagellack. Wichtig: Mehrere Schichten auftragen und jede zwischendurch gründlich trocknen lassen.

Will man Farb-spritzer auf der Fensterscheibe mit einer Rasierklinge oder einem ande-ren sehr scharfen Messer entfernen, muss man die Klinge ganz flach über die Scheibe führen. Ansonsten hinterlässt sie Kratzer im Glas, die sich nicht mehr kaschieren lassen.

✳ Lauwarmes Wasser

Für die Reinigung von Fensterschei-ben sollte man prinzipiell kein heißes, sondern stets nur lauwarmes Wasser verwenden.

✳ Milchglas reinigen

Milchglasscheiben dürfen nur mit heißem Essigwasser gereinigt wer-den, damit sie lange schön bleiben.

✳ Modernes Buntglas

Modernes Buntglas ist ebenso robust wie einfaches Klarglas. Es kann des-halb auch auf dieselbe Art gepflegt und gereinigt werden.

✳ Normal verschmutzte Fenster

Bei normal verschmutzten Scheiben genügt es, sie mit Wasser und etwas Allzweckreiniger zu putzen (ein Spritzer Allzweckreiniger auf zehn Liter Wasser).

✳ Putzstreifen vermeiden

Hässliche Putzstreifen lassen sich ganz einfach vermeiden: Wenn Sie Ihre Fenster mit einem Schwamm, einem Fensterwischer mit Gummi-lippe und einem Fensterleder reini-gen, bekommen Sie es mit Sicher-heit streifenlos sauber.

✳ Schnelle Reinigung

Wenn das Fensterputzen einmal ganz schnell gehen muss, tauchen Sie ein-fach einen weichen Wolllappen in Essig, wringen ihn leicht aus und reiben damit über das Fensterglas.

✳ Schwer zugängliche Fenster

Um beim Putzen auch schwer zugängliche Fenster zu erreichen (etwa besonders hohe Fenster) ver-längert man den Griff eines Gummi-wischers mit einem Besenstiel. Im Fachhandel gibt es auch spezielle Stecksysteme für Wischer und Co.

✳ Sonnenschein und Kälte

Generell sollte man Fensterscheiben zwar an trockenen, aber trüben Tagen putzen. Scheint nämlich die Sonne auf das Glas, verdampft das Wasser schneller und es können leichter Streifen entstehen. Auch sehr kalte Tage sind nicht besonders gut zum Fensterputzen geeignet. Bei niedri-gen Temperaturen wird Glas näm-lich spröde und kann dann bereits bei relativ geringem Druck brechen. Das kann vor allem bei alten Ein-scheibengläsern und Doppelfenstern leicht passieren.

✳ Stark verschmutzte Fenster

Man sollte an stark verschmutzten Fenstern niemals mit einem trocke-nen Tuch herumreiben. Das Glas könnte sonst verkratzen.
Wer auf einen speziellen Fensterrei-niger verzichten will, kann sich aus Wasser, Allzweckreiniger und etwas Essig ganz schnell selbst ein ausge-zeichnetes Fensterputzmittel mischen. Nach der Reinigung mit klarem Wasser nachwischen und das Glas mit einem nicht fusselnden Baumwolltuch trockenreiben.

Wichtig!

Weiß lackierte Türen vergilben viel weniger schnell, wenn man einige Tropfen Schwarz in den Lack mischt.

✳ Trübe Aussichten

Wenn Sie eine klare Glasscheibe undurchsichtig machen wollen, um sich vor neugierigen Blicken zu schützten (zum Beispiel im Bad), lösen Sie ein halbes Pfund Tafelsalz in einem Viertelliter Weißbier auf. Tauchen Sie einen breiten Pinsel in die Lösung und bestreichen Sie die Scheibe vollflächig. Die Scheibe lässt sich übrigens ebenso schnell wieder »klären«: Die milchige Schicht kann man nämlich ganz problemlos wieder abwaschen.

✳ Zeitungspapier

Absolut streifenfrei und glänzend werden die Fensterscheiben, wenn man sie mit zusammengeknülltem Zeitungspapier oder Seidenpapier trockenreibt.

✳ Zwei Tücher verwenden

Beim Fensterputzen benutzt man immer zwei Tücher. Während man mit dem ersten Tuch alle groben Verschmutzungen beseitigt, dient das zweite zum Nachwischen.

TÜREN REINIGEN

✳ Beschläge aufpolieren

Türbeschläge werden je nach Material erst feucht abgewischt und dann trockengerieben. Messingbeschläge werden mit Messingpolitur behandelt, da sie sonst anlaufen. Im Fachhandel gibt es aber auch für andere Materialien spezielle Pflegemittel.

✳ Glastüren

Glastüren werden wie Fensterglas geputzt. Besonders klar werden die Scheiben, wenn man sie nach dem Reinigen mit einem in Essig getränkten Schwamm abreibt.

✳ Glatte Türen

Türen mit glatten Oberflächen werden feucht gewischt und mit einem sauberen Tuch abgetrocknet.

✳ Schleiflacktüren

Türen mit Schleiflackoberfläche sind sehr kratzempfindlich und verlieren durch falsche und zu raue Behandlung schnell ihren schönen Glanz. Besonders schonend reinigt man sie mit dem ungesalzenen Kochwasser von Kartoffeln. Einfach einen weichen Lappen in das abgekühlte Kartoffelwasser tauchen, leicht auswringen und die Türen damit abreiben. Dann mit einem trockenen Wolllappen nachpolieren.

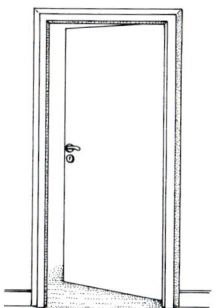

Weiße Türen wirken wie neu, wenn man sie mit Seifenlösung abwäscht, die einige Spritzer Petroleum enthält.

Blättert die Farbe am Türrahmen ab, hängt man das Türblatt aus und behandelt die betroffenen Stellen mit feinem Schleifpapier. Anschließend wird auf diese Stellen eine neue, dünne Schicht Lack aufgetragen. Gut trocknen lassen und die Türe wieder einhängen.

Türfalz
Beim Putzen den oberen Türfalz nicht vergessen. Dort sammelt sich ebenso wie auf der Oberkante des Türrahmens sehr viel Staub.

DIE FLECKENFREIE KÜCHE

In der Küche wird immer wieder mit Dingen hantiert, die hartnäckige Flecken hinterlassen können. Mit den richtigen Hausmitteln lassen sich jedoch Arbeitsflächen, Herd und Spüle im Nu wieder reinigen. Und auch für die Pflege von Geschirr, Gläsern und anderen Küchenutensilien gibt es viele hilfreiche Tipps. Da haben Flecken keine Chance mehr.

BESTECK

✳ Elfenbein reinigen
Besteckgriffe aus Elfenbein werden vorsichtig mit lauwarmem Seifenwasser oder Milch gereinigt. Das Elfenbein anschließend sehr gut abtrocknen und mit einem weichen, fusselfreien Lappen nachpolieren.

✳ Edelstahl
Edelstahlbesteck darf nicht für längere Zeit mit Salz und heißem Wasser in Kontakt kommen, es kann sonst anlaufen oder im schlimmsten Fall sogar zu rosten beginnen. Dann muss man sie mühsam mit Edelstahlreiniger polieren.

✳ Geklebte Griffe
Geklebte Besteckgriffe aus Holz, Bein oder Elfenbein sollte man nicht ins Wasser tauchen. Man reibt nur die Metallteile vorsichtig mit einem feuchten Schwamm ab und stellt die Teile zum Trocknen mit den Griffen nach oben in ein Körbchen.

✳ Holz
Besteck mit Holzgriffen sollte man nicht zu oft in der Maschine spülen, da die Griffe mit der Zeit glanzlos und stumpf werden und auslaugen.

✳ Horngriffe
Besteck mit Horngriffen darf nicht in heißem Wasser gespült werden, da das Horn aufquellen kann. Reinigen Sie die Metallseite wie gewohnt und säubern Sie die Griffe dann unter fließendem Wasser mit einem weichen Lappen. Mit Salmiakgeistwasser nachspülen (ein Esslöffel Salmiakgeist auf einen Liter Wasser). Abtrocknen und die Griffe mit Salatöl einreiben und polieren.

✳ Perlmutt
Löffel und andere Gegenstände aus Perlmutt werden wie neu, wenn sie mit einem Brei aus Kreide gesäubert werden. Etwas Kreide mit Wasser zu einem dicken Brei verrühren, auftragen, wirken lassen und mit einem weichen Tuch nachpolieren.

Fischgeruch Geschirr, auf dem Fisch serviert wurde, wäscht man am besten erst kalt und dann warm ab. Es verliert dadurch seinen unangenehmen Fischgeruch.

GESCHIRR

✳ Nachspülen

Bleiben trotz der Maschinenwäsche ein paar Essensreste am Geschirr oder Besteck, muss man per Hand nachspülen. Durch die hohen Temperaturen beim Trocknen werden die zurückgebliebenen Schmutzteilchen so hart, dass sie sich auch bei einem zweiten Durchlauf in der Spülmaschine nicht lösen würden.

✳ Altes Geschirr

Altes Porzellan sollte man sofort nach Gebrauch spülen, damit Essensreste nicht eintrocknen. Nur so kann man verhindern, dass die empfindliche Glasur beim Entfernen eingetrockneter Speisen beschädigt wird. Altes Porzellan darf nicht in die Spülmaschine. Man wäscht es stets mit der Hand und nur in lauwarmem Wasser. Um zu vermeiden, dass das Geschirr aneinanderschlägt und dabei bricht, sollte man jedes Teil einzeln spülen. Am besten noch ein Küchenhandtuch ins Spülbecken legen, um die kostbaren Stücke noch besser zu schützen.

✳ Brandflecken auf Porzellan

Brandflecken auf Porzellan, etwa auf einem schönen Aschenbecher oder einer Untertasse, reibt man kräftig mit einem feuchten Korken ab, der zuvor in Salz getaucht wurde. Das Stück anschließend wie gewohnt abspülen und trocknen lassen.

✳ Geschirr mit Goldrändern

Porzellangeschirr mit Goldrändern oder andere Goldverzierung sollte man nicht im Spülwasser stehen lassen, da sich die Verzierungen sonst ablösen könnten. Die Teile stattdessen zügig abspülen und auf einem Küchengitter abtropfen lassen. Auf das Abtrocknen verzichten, da auch durch die Reibung das schöne Dekor beschädigt werden könnte.

✳ Kaffeekannen reinigen

Kalkablagerungen in Kaffeekannen verschwinden, wenn man die Kanne mit lauwarmem Wasser füllt und eine Reinigungstablette für Zahnprothesen zugibt. Einwirken lassen und die Kanne dann kalt ausspülen.

✳ Milchreste

Milchkännchen sollte man nach Gebrauch sofort kalt ausspülen. Dann gerinnt die restliche Milch nicht und kann keine festen Ränder zurücklassen.

✳ Teekannen

Teekannen sollte man nur mit klarem Wasser ausspülen. Zwar setzen sich die Gerbstoffe des Tees schnell in der Kanne ab und hinterlassen dort braune Ränder. Teekenner schätzen jedoch die geschmacksverstärkende Wirkung dieser »Flecken«. Wer sie dennoch entfernen will, benutzt dazu Essig oder Zitronensaft. Die Kanne anschließend gut spülen, um den Geruch zu vertreiben.

Hohe Glasvasen oder Glasvasen mit schmalem Hals lassen sich nur sehr schwer reinigen. So geht es ganz einfach: Füllen Sie zerkleinerte Eierschalen in die Vase, geben Sie etwas Wasser dazu und schütteln Sie das Gefäß kräftig durch. Dann ausschütten und die Vase mit klarem Wasser nachspülen.

> *Wichtig!*
>
> *Gläser und andere Gegenstände aus Kristall erstrahlen in klarem Glanz, wenn sie erst mit Salzwasser abgebürstet und dann mit einem Tuch abgerieben werden, das zuvor mit Schlämmkreide bestreut wurde.*

Ob ein Spezialreiniger für Kochplatten oder Ceranfeld gesundheits- und/oder umweltschädlich ist, hängt von dem organischen Lösungsmittel ab, das er enthält. Das jedoch ist für den Käufer nicht immer ersichtlich. Im Zweifelsfall sollte auf derartige Reiniger besser verzichtet werden.

✳ Teeränder

Bräunliche Teeränder an Tassen entfernt man am einfachsten mit etwas Salz. Die Tasse anfeuchten, mit Salz bestreuen, auswischen und klar nachspülen. Man kann die Ränder aber auch mit ein paar Tropfen Essig oder Zitronensaft entfernen.

DUNSTABZUGSHAUBE

✳ Festsitzender Schmutz

Hartnäckiger Schmutz wird mit einer Mischung aus flüssigem Geschirrspülmittel und Spülmaschinenpulver entfernt. Um die Haut vor den scharfen Mitteln genügend zu schützen, sollte man bei der Arbeit Gummihandschuhe tragen.

✳ Einschalten

Die Dunstabzugshaube von Anfang an einschalten und auch nach dem Kochen noch etwas weiterlaufen lassen. Nur dann kann man sicher sein, dass alle Dämpfe abgezogen werden und keine Schmutzschicht auf Fliesen und Möbeln hinterlassen.

Trübe Gläser
Sind Ihre Gläser trübe geworden, legen Sie sie in Essigwasser und geben eine rohe, klein geschnittene Kartoffel hinzu. Kurz einwirken lassen und dann gut nachspülen.

✳ Filter wechseln

Damit Dämpfe abgesaugt werden und keine Fettschicht hinterlassen, muss man den Filter im Innern des Gerätes regelmäßig auswechseln.

✳ Reinigung

Das Gehäuse muss regelmäßig von innen und außen gereinigt werden. Dazu nimmt man die Verblendung

ab und säubert das Gerät mit Wasser und etwas Spülmittel. Letzteres verhindert, dass sich allzu schnell wieder ein Fettfilm bildet.

✳ Ventilatorflügel säubern

Die Ventilatorflügel sollte man nur feucht abwischen. Nach dem Reinigen alles trockenwischen.

GLÄSER PFLEGEN

✳ Aufkleber entfernen

Aufkleber auf Gläsern lassen sich leichter entfernen, wenn man sie mit Essig einreibt und diesen gut einwirken lässt. Anschließend einfach mit einem Handtuch abreiben und die Gläser wie gewohnt spülen.

✳ Fusselfreie Gläser

Fussel auf Gläsern vermeidet man, indem man sie nur mit Handtüchern aus reinem Leinen abtrocknet.

✳ Gold- und Silberverzierungen

Die zarten Verzierungen können sich lösen, wenn man die Gläser zu lange im Wasser stehen lässt. Auch zu heißes Wasser schadet ihnen, deshalb nur kurz und kühl spülen.

✳ Klare Gläser

Gläser werden besonders klar, wenn man einen Schuss Essig in das warme Spülwasser gibt. Auch ein kleiner Spritzer Ammoniak oder Salmiakgeist im Wasser bewirken, dass die Gläser ohne viel Polieren strahlen.

✽ Lippenstiftspuren

Da sich Lippenstiftpuren nur sehr schwer entfernen lassen, reibt man sie mit Kochsalz ein, ehe man die Gläser ins Spülwasser gibt.

✽ Polieren

Gläser müssen besonders gut ausgespült und nachpoliert werden. Bleiben nämlich Spülmittelreste im Glas, verfälschen sie später den Eigengeschmack von Getränken.

✽ Schutz vor Sprüngen

Gläser vertragen keine extremen Temperaturschwankungen. Kalte Gläser also nie ins heiße Spülwasser geben – sie könnten springen. Um zu verhindern, dass Gläser beim Einfüllen heißer Flüssigkeit springen, lässt man die Flüssigkeit über einen Löffel in sie hineinlaufen.

✽ Trübe Gläser

Trüb und unansehnlich gewordene Gläser werden wieder klar, wenn man sie für einige Stunden in eine Mischung aus Wasser, Salmiakgeist und Pottasche legt.

✽ Wertvolle Gläser

Stielgläser sollte man auch beim Spülen immer am Stiel fassen. Wertvolle Gläser spült man am besten in einer Plastikschüssel ab. Oder man legt das Spülbecken mit einem Geschirrhandtuch aus. Damit Gläser nicht versehentlich brechen, sollte man sie immer einzeln spülen.

HERD

✽ Angebackene Krusten

Angebackene Krusten im Backofen oder auf dem Kochfeld weicht man mit einer Lösung aus Seifenreiniger und Wasser ein. Kurz einwirken lassen und alles abwischen. Mit klarem Wasser nachwischen.

✽ Backbleche reinigen

Backbleche immer mit der Hand spülen. Auch für starke Verschmutzungen genügt normales Geschirrspülmittel. Eventuell lässt man das Blech vorher im Spülwasser einweichen. Hartnäckige Krusten lassen sich mit Zeitungspapier und Salz abreiben. Die Backbleche niemals im eingefetteten Zustand stehen lassen, denn dabei entstehen aggressive Fettsäuren, die die Oberfläche beschädigen können.

✽ Backbleche trocknen

Backblech sofort nach dem Benutzen abspülen und zum Trocknen in den noch warmen Ofen geben.

✽ Backformen

Die wenigsten Backformen vertragen die Maschinenwäsche. Die Formen werden besser von Hand mit Geschirrspülmittel gewaschen und danach sorgfältig abgetrocknet. Angebranntes löst sich gut, wenn man die Form einige Zeit im Spülwasser einweicht. Zuckerkrusten lassen sich mit Zeitungspapier und Salz abreiben.

Die Arbeitsplatte in der Küche wird enorm strapaziert. Flecken lassen sich jedoch mühelos entfernen, wenn man sie mit Natron bestreut, dieses etwas befeuchtet und 30 bis 60 Minuten einwirken lässt. Die Platte dann mit einem feuchten Tuch abwischen.

Wichtig!
Vollgesaugte Filter in der Dunstabzugshaube können Feuer fangen und werden so schnell zur Gefahr. Den Filter deshalb regelmäßig auswechseln.

---

*Sind Ihre Holz-
küchenschränke
fleckig geworden,
behandeln Sie sie
mit Schuhcreme.
Um genau den
Farbton des Möbels
zu treffen, können
Sie auch mehrere
Farben überein-
ander auftragen.
Bearbeiten Sie die
Flecken so lange,
bis sie völlig ver-
schwunden sind.*

✳ Backofen reinigen

Das Backrohr lässt sich am besten
reinigen, wenn es noch warm ist.
Zuerst entfernt man allen groben
Schmutz mit Zeitungspapier, danach
reinigt man die Oberfläche mit
Scheuermilch, Spülbürste und
Schwamm. Mit klarem Wasser nachwischen, bis alle Reinigungsmittel-
reste entfernt sind.

✳ Herdplatten pflegen

Wer seine Herdplatten pflegen will,
kann sie regelmäßig mit ein paar
Tropfen Maschinenöl einreiben.

✳ Herdplatten reinigen

Besonders schonend reinigt man
Herdplatten mit einem Brei aus
Bullrichsalz und Wasser. Danach
mit klarem Wasser nachwischen.
Hat sich in den feinen Rillen der
Herdplatten Schmutz angesammelt,
löst man ihn, indem man die Platte
leicht erwärmt und etwas Backpulver darauf streut. Das Backpulver
mit einem Spülschwamm verreiben
und mit reichlich klarem Wasser
nachwischen.

*Wachstücher
Wachstücher sind
in der Küche als
Tischdecke sehr
praktisch. Beson-
ders schön und
sauber wird
Wachstuch, wenn
man es mit kalter
Milch abreibt.*

✳ Kochfelder aus Glaskeramik

Glaskeramikfelder müssen eigentlich nur feucht abgewischt werden.
Hat sich jedoch etwas eingebrannt,
schabt man die Reste sofort mit
einer Rasierklinge ab. Die Klinge
dabei ganz flach über die Oberfläche ziehen, damit man die Glas-
keramik nicht zerkratzt.

✳ Neue Kochplatten einbrennen

Bei neuen Herden müssen die Kochplatten vor dem ersten Benutzen
etwa fünf Minuten auf höchster
Stufe erhitzt werden: Damit härtet
man den aufgetragenen Schutzlack
aus. Hartnäckige Flecken und Verschmutzungen haben dann kaum
noch eine Chance.

✳ Rostige Backbleche

Rostflecken auf Backblechen bestreut man mit Salz und reibt sie
mit einer Speckschwarte sauber.
Mit Küchenkrepp nachwischen.

*Auch rostige Backbleche werden wieder
schön, wenn man sie mit Salz und einer
Fettscharte reinigt.*

✳ Selbstreinigungsfunktion

Bei selbst reinigenden Backöfen
heizt sich der Backofen auf 500 °C
auf. Alle Verschmutzungen verbren-
nen zu Asche, die man anschließend
leicht entsorgen kann. Selbst reinigende (»pyrolytische«) Backöfen sind
besonders gut isoliert. Sie sparen im
Alltag bis zu 15 Prozent Energie.

✳ Spritzer sofort abwischen

Spritzer und Übergelaufenes auf den Herdplatten nie antrocknen lassen, sondern sofort wegwischen. Bereits angetrocknete Spritzer weicht man mit Wasser und etwas Spülmittel auf. Eingebrannte Spritzer auf der Herdplatte kann man mit Scheuermilch und Putzschwamm leicht entfernen. Eventuell kurz einweichen.

✳ Stark verschmutzte Platten

Stark verschmutzte oder verkrustete Herdplatten reibt man mit zerknüllter Alufolie ab. Bei hartnäckigen Verschmutzungen ebenso zu empfehlen: Die Platten ganz leicht erhitzen und die Schmutzstellen mit phosphatfreier Scheuermilch und der rauen Seite eines Küchenschwamms kräftig abschrubben.

✳ Übergekochte Milch

Übergekochte Milch wischt man sofort mit einem feuchten Tuch ab, damit sie sich erst gar nicht in die Herdplatten einbrennen kann. Anschließend gibt man ein paar Spritzer Essig auf die noch heiße Platte, um hässliche Flecken zu vermeiden.

METALLE REINIGEN

✳ Angelaufenes Kupfer

Dunkel angelaufenes Kupfer wird schnell wieder völlig blank, wenn man es mit der Schnittfläche einer halbierten rohen Zwiebel abreibt.

✳ Bronze

Angelaufene Bronze poliert man mit Spiritus und einem weichen Wildlederlappen.

Wenn Sie ungestört Ihre Hausarbeit erledigen möchten, können Sie Ihre Kinder mit selbst gemachten Seifenblasen beschäftigen. Geben Sie einige Tropfen Spülmittel in einen Becher Wasser und rühren Sie ganz vorsichtig um. Jetzt brauchen Sie nur noch einen Strohhalm.

Richtig Maß halten – Mengenlehre für die Küche

Egal was Sie im Haushalt machen – putzen, kochen oder backen – in den Rezepturen stoßen Sie ständig auf die unterschiedlichsten Maßeinheiten. So sollen Sie 3/8 l Milch verwenden, 100 cl Wasser abmessen oder 5 ml Alkohol zufügen. Oftmals sind die Mengen so gering, dass es sich kaum lohnt, Waage oder Messbecher aus dem Schrank zu holen. Schließlich geht das Abmessen bei solchen Minimengen mit einem Ess- oder Teelöffel viel schneller. Diese Umrechentabelle hilft Ihnen,

damit Sie während der Hausarbeit nicht auch noch als Zahlenjongleur brillieren müssen.

1 l	=	1000 ml =	100 cl
3/4 l	=	750 ml =	75 cl
1/2 l	=	500 ml =	50 cl
3/8 l	=	375 ml =	37,5 cl
1/4 l	=	250 ml =	25 cl
1/8 l	=	125 ml =	12,5 cl
1/10 l	=	100 ml =	10 cl
1 Schnapsglas	=	20 ml =	2 cl
1 EL	=	10 ml =	1 cl
1 TL	=	5 ml =	0,5 cl

(l = Liter; ml = Milliliter; cl = Zentiliter; EL = Esslöffel; TL = Teelöffel)

Wichtig!

Achten Sie beim Kauf von Geschirrspülmittel darauf, dass es keine Konservierungsstoffe enthält. Auch Allzweckreiniger sollten frei von Konservierungsstoffen und gut abbaubar sein.

Man sollte den Herd immer nur dann anschalten, wenn es nötig ist, schließlich zählt er zu den größten Stromfressern im Haushalt. Wer nur schnell das Wasser für den Pulverkaffee erhitzen oder ein Paar Würstchen grillen möchte, sollte besser auf praktische Kleingeräte zurückgreifen, um Strom zu sparen.

✳ Chrom

Stumpfer Chrom glänzt wieder wie neu, wenn man ihn mit Petroleum oder Terpentin reinigt. Anschließend mit einem weichen Lappen gut nachpolieren.

✳ Edelstahl

Wasserflecken von Edelstahloberflächen beseitigt man mit Schlämmkreide. Reibt man den Chrom im Anschluss daran mit Zitronenschale ab, wird er besonders glänzend.

✳ Gold

Goldenes Besteck, Goldschmuck und vergoldete Gegenstände bleiben lange glänzend schön, wenn man die Oberfläche regelmäßig mit Zahnpasta reinigt. Die enthaltene Schlämmkreide bringt neuen Glanz.

✳ Kupfer

Hat sich Kupfer dunkel verfärbt, reinigt man es mit einem Essigteig. Das Rezept: Man mischt Essig, Mehl und Salz zu einem dünnflüssigen Brei und streicht diesen auf das Metall. Den Essigteig kurz einwirken lassen und mit klarem Wasser wieder abwaschen. Mit einem Tuch oder Leder nachpolieren.

✳ Messingteile

Messing reibt man kräftig mit der Schnittfläche einer halben Zitrone ab, die man vorher in Salz getaucht hat. Mit klarem Wasser nachspülen und trockenpolieren.

Goldschmuck
Goldschmuck wird wunderschön, wenn er mit einer frisch aufgeschnittenen Zwiebel abgerieben wird. Mit einem weichen Tuch gut nachpolieren.

✳ Nickel polieren

Angelaufenes Nickel wird schnell wieder blank, wenn man es mit einem ölgetränkten Lappen poliert. Statt nachspülen: trockenreiben.

✳ Rostiger Stahl

Roststellen auf Stahlklingen reibt man mit einem Korken ab, der zuvor angefeuchtet und in Scheuersand getaucht wurde. Die hartnäckigen Flecken lassen sich auch entfernen, wenn man Salz mit Pergament auf ihnen verreibt. Auch einfache Stahlwolle hilft. Egal, für welche Behandlung Sie sich entscheiden: Zum Schluss muss die Klinge gut abgespült und mit einem Baumwolltuch poliert werden.

✳ Zigarrenasche

Mit Zigarrenasche lassen sich Oberflächen aus Gold, Silber, Zinn, Messing und Kupfer sehr gut reinigen.

✳ Zinngegenstände

Zinn sieht aus wie neu, wenn man es mit Schlämmkreide abreibt, die mit Terpentin angefeuchtet wurde. Hat man beides nicht zur Hand, kann man den Zinngegenstand auch mit warmem Bier reinigen.

SAUBERE SPÜLE

✳ Blanke Becken

Stumpfe oder fleckige Becken aus Edelstahl werden mit gewöhnlichem Allzweckreiniger wieder blitzblank.

Glänzende Tipps für Silber

- Flecken auf Silberbesteck verschwinden, wenn Sie sie mit einer geschälten, rohen Kartoffel abreiben.

- Silber glänzt wieder wunderschön, wenn Sie es über Nacht in Bier einlegen. Am nächsten Morgen werden die edlen Teile mit Wasser abgespült und mit einem weichen Tuch poliert.

- Angelaufenes Silber wird mit Alufolie und Salz wieder blitzblank. Legen Sie eine Schüssel rundum mit Alufolie aus. Streuen Sie etwa 500 Gramm Kochsalz hinein und füllen Sie mit drei Liter kochendem Wasser auf. Geben Sie das Besteck in die Schüssel und lassen Sie es ein bis zwei Stunden in der Lösung liegen. Herausnehmen, abspülen und trockenpolieren.

- Damit Silberbesteck nicht mehr anläuft, legt man einfach einige Stücke Tafelkreide in die Besteckschublade.

- Haben Sie es sehr eilig, können Sie Ihr Silberbesteck auch mit Zahnpasta reinigen. Die guten Stücke einfach mit Zahnpasta einreiben, diese kurz einwirken lassen und unter lauwarmem Wasser abspülen. Das Besteck mit einem weichen Tuch nachpolieren.

- Hat Ihr Silber seine Schönheit durch Flecken eingebüßt, legen Sie es eine halbe bis eine Stunde in saure Milch. Dann waschen Sie jedes Teil mit lauwarmem Wasser ab und polieren es mit einem trockenen Tuch.

Silberschmuck wird mit Backpulver gereinigt. Pulver auf ein weiches Tuch streuen und den Schmuck gut damit einreiben. Zum Abschluss wird der Silberschmuck gut abgespült und trockengerieben.

❋ Einfaches Reinigen

Die beliebten altmodischen Keramikbecken glänzen wie neu, wenn man sie mit heißem Wasser und etwas Scheuermilch putzt. Damit das Reinigungsmittel seine volle Kraft entfalten kann, lässt man es eine Stunde einwirken, ehe man es mit heißem Wasser wieder ausspült.

❋ Edelstahl

Spülbecken aus Edelstahl werden mit der Zeit oft blind. Soll das Becken seinen alten Glanz zurückerhalten, reibt man es mit einer Paste aus Schlämmkreide und Essig ein. Feucht wischen und nachpolieren.

❋ Emaillebecken

Die empfindliche Lackschicht von Emaillebecken kann durch säurehaltige Lebensmittel wie Essig, Fruchtsäfte oder Salatsaucen schnell beschädigt werden. Man darf diese Substanzen deshalb stets nur kurz im Becken lassen und muss anschließend sofort mit reichlich Wasser nachspülen.

❋ Rost auf Edelstahl

Rostflecken in der Edelstahlspüle lassen sich mit Feuerzeugbenzin sehr gut entfernen. Dabei nicht zu fest scheuern, da sonst die Oberfläche verkratzt wird.

Wichtig!
Stumpfe Messingoberflächen niemals mit rauen Mitteln putzen, da sie sonst verkratzen. Sie werden dagegen wieder spiegelblank, wenn man sie mit frisch gepresstem Zitronensaft oder Sauerkraut abreibt. Klar nachspülen und mit einem weichen Lappen polieren.

Je länger man verschmutztes Kochgeschirr einweichen lässt, desto leichter lässt es sich anschließend säubern. Wer nur wenig Zeit hat, lässt etwas Spülmittel und ein wenig Wasser im Topf oder in der Pfanne aufkochen. Kurz einwirken lassen und wie gewohnt abspülen.

TÖPFE UND PFANNEN

✳ Aluminiumtöpfe reinigen

Töpfe aus Aluminium werden im heißen Spülwasser schnell sauber. Damit sich keine Wasserflecken bilden, werden sie nach dem Nachspülen gründlich abgetrocknet.

✳ Angelaufenes Aluminium

Sind Alutöpfe angelaufen, bekommt man sie mit der normalen Seifenlauge nicht mehr sauber. Das hilft: Je nach Topfgröße zwei bis vier Rhabarberstangen schälen und die Schalen in dem Topf auskochen.

✳ Angebrannte Töpfe

Verklebte oder angebrannte Töpfe weicht man über Nacht in kaltem Salzwasser ein. Bei besonders hartnäckigen Essensresten kocht man eine Mischung aus Essig und Salz im Topf auf. Die Flüssigkeit dann abkühlen lassen und die Schmutzschicht mit der rauen Seite eines Spülschwamms aus dem Topf wischen. Topf mit klarem Wasser nachspülen und trockenreiben.

✳ Beschichtete Pfannen

Kunststoffbeschichtete Pfannen werden mit lauwarmem Spülwasser gereinigt. Zur Pflege reibt man sie mit Öl aus. Sollte die Beschichtung einmal fleckig geworden sein, kocht man etwas Wasser mit einem Päckchen Backpulver in der Pfanne auf. Dann ausspülen und trockenreiben.

✳ Dampfdrucktöpfe reinigen

Dampfdrucktöpfe immer sofort nach Gebrauch spülen. Den Deckel dabei nicht ins Wasser tauchen, da sonst das Ventil verstopfen könnte. Stattdessen den Deckel feucht abwischen (mit Spülmittel) und mit einem in klarem Wasser angefeuchteten Tuch nachreiben.

✳ Edelstahltöpfe

Um zu vermeiden, dass Edelstahltöpfe und -pfannen Wasserflecken bekommen, trocknet man sie sofort nach dem Spülen gründlich ab. Besonders schön werden die Töpfe, wenn man sie mit einer Paste aus Wasser und Schlämmkreide einreibt. Nachspülen und trockenpolieren.

Töpfe und Pfannen nicht in die Spülmaschine geben. Sie nehmen dort viel Platz weg, werden aber nicht richtig sauber.

✳ Emailletöpfe

Eingedunkelte Emailletöpfe werden wieder hell, wenn man über Nacht hochkonzentrierte Sodalösung einwirken lässt (vor Kindern sichern).

Obstflecken
Obstflecken an den Händen verschwinden, wenn sie mit einer frischen Zitrone bearbeitet werden.

✳ Glänzende Gusseisentöpfe

Glanzlose Töpfe aus Gusseisen werden wieder blank, wenn man sie mit Salatöl einreibt.

✳ Kupfertöpfe

Sind Kupfertöpfe und -pfannen angelaufen, tränkt man einen Spüllappen mit Essig, wringt ihn aus, taucht ihn dann in Salz und reibt mit ihm die Oberfläche ab. Mit viel klarem Wasser nachspülen und mit einem weichen Geschirrhandtuch trockenreiben.

✳ Römertopf

Dieses Kochgeschirr aus Ton wird nur mit klarem heißen Wasser gespült. Es darf nicht mit Spülmitteln gesäubert werden. Hartnäckige Verschmutzungen mit einem Nylontopfkratzer oder der kratzigen Seite eines Spülschwamms abreiben. Auf keinen Fall Scheuermilch verwenden, da sie in die poröse Oberfläche des Tons eindringt. Wenn man den Topf später wieder benutzt, tritt die Scheuermilch wieder aus und setzt sich im Essen ab.

✳ Rostschutz für Gusseisen

Man muss Kochgeschirr aus Gusseisen sehr sorgfältig pflegen, da es sonst sehr schnell zu rosten beginnt. Um dem Rost vorzubeugen, spült man das Geschirr stets mit warmem Wasser und einem Spritzer Spülmittel, trocknet es dann sofort ab und fettet es mit etwas Öl ein.

✳ Strahlende Kupferkessel

Verschmutzte Kupferkessel werden wieder blank, wenn man sie mit einem Brei aus Essig, Mehl und Salz einreibt. Die Mischung 30 Minuten einwirken lassen und dann mit viel kaltem Wasser abspülen. Den Kessel anschließend mit einem Ledertuch gründlich abtrocknen.

✳ Teflonpfannen

Teflonbeschichtete Pfannen dürfen nur mit einem Spüllappen oder der weichen Seite des Spülschwamms gereinigt werden. Selbst bei der Entfernung hartnäckiger Rückstände niemals mit Bürsten oder ähnlichen Hilfsmitteln kratzen, da sonst die empfindliche Oberfläche ruiniert wird. Die Pfanne lieber etwas länger einweichen lassen.

✳ Topfböden schrubben

Man erleichtert sich die Reinigung von stark angebrannten Topfböden ungemein, wenn man den Topf nicht auf der Arbeitsfläche neben dem Spülbecken, sondern auf den Beckenboden aufsetzt. Man kann dann mit größerem Druck arbeiten und die Arme ermüden langsamer.

✳ Wasserkessel entkalken

Wasserkessel verlieren ihren Kalkbelag, wenn man sie halb und halb mit Wasser und Essig füllt und das Ganze aufkocht. Ein paar Stunden stehen lassen und schließlich mit kaltem Wasser ausspülen.

Hat sich im Wassertopf Kesselstein gebildet, entfernen Sie ihn mit Kartoffelschalen. Die Schalen eine halbe Stunde in dem Kessel kochen lassen. Der Kesselstein löst sich dadurch und kann anschließend ganz einfach ausgespült werden.

> **Wichtig!**
> *Giftiger Grünspan auf Kupfer- oder Messingtöpfen lässt sich ganz leicht mit unverdünntem Essig entfernen.*

BLITZBLANKES BAD

Wassertropfen und hohe Luftfeuchtigkeit tragen dazu bei, dass sich im Bad schnell Kalk- oder Schimmelflecken bilden. Wer nicht nur die Umwelt, sondern auch seine eigene Gesundheit schonen will, verzichtet beim Putzen jedoch auf scharfe Reiniger. Schließlich lässt sich das Badezimmer auch mit vielen guten, alten Hausmitteln auf Hochglanz bringen.

ARMATUREN

❋ Duschköpfe

Wie man einen verkalkten Duchkopf behandelt, hängt vom Material ab. Duschköpfe aus Metall kocht man 15 Minuten in Essigwasser aus. Duschköpfe aus Kunststoff weicht man stattdessen über Nacht in einer Essig-Wasser-Lösung ein, denn sie würden sich im kochendem Wasser schnell verformen.

❋ Kalkflecken

Kalkflecken auf den Armaturen an Waschbecken, Wanne und Dusche entfernt man am besten mit Zitronensäure (Mischung: ein bis zwei Teelöffel auf einen halben Liter Wasser) oder mit Haushaltsessig. Vorsicht mit Scheuermitteln: Vor allem Armaturen mit Kunststoffbeschichtung sind sehr kratzempfindlich. Auch Chromarmaturen können jedoch durch zu heftiges Schrubben ihren schönen, tiefen Glanz verlieren.

Goldspiegel
Vergoldete Spiegelrahmen bringen Athmosphäre ins Bad. Man reinigt sie mit Molke. Einfach einen Lappen in Molke tränken und damit den Rahmen vorsichtig abwischen. Dann gut polieren.

❋ Kalkränder

Um den Wasserhahn herum setzen sich gerne Kalkflecken ab, an die man nur schwer herankommt. Tauchen Sie einen Lappen in Essig, wickeln Sie ihn um den Hahn und lassen Sie die Säure wirken. Nach etwa zwei Stunden lässt sich der Kalk ohne Mühe entfernen. Kalkränder an den Armaturen von Badewanne und Dusche kann man mit Zitronensaft entfernen. Je nach Stärke und Zugänglichkeit der Kalkrückstände gibt man Zitronensaft auf ein Wattestäbchen, einen Spüllappen oder eine langstielige Bürste und reibt damit kräftig über die verkalkten Flächen.

BADEWANNE UND DUSCHE

❋ Achtung Rutschgefahr

Wanne und Dusche nach dem Reinigen immer sehr gründlich mit viel klarem Wasser ausspülen, da sonst erhöhte Rutschgefahr besteht.

❋ **Acrylbadewannen**

Da die empfindlichen Oberflächen von Acrylbadewannen durch Scheuermittel verkratzen würden, reinigt man sie besser mit Geschirrspülmittel. Statt einem Schwamm benutzt man ein weiches Tuch oder einen großen Bausch Polierwatte. Sehr hartnäckige Flecken reibt man mehrmals mit der Schnittfläche einer halbierten Zitrone ein.

❋ **Aluschienen reinigen**

Die Aluschienen von Duschkabinen dürfen weder mit Essig noch mit Scheuermitteln gereinigt werden, da die glatte Oberfläche sonst aufraut und die Schienen nicht mehr gut ineinandergleiten.

❋ **Bräunliche Ablagerungen**

Hässliche braune Flecken in der Bade- oder Duschwanne entfernt man am besten mit Haushaltsessig. Einige Lagen Küchenkrepp mit Essig tränken und auf die Flecken legen. Oder Sie gießen etwas Buttermilch in die Wanne, verteilen sie mit einem Lappen und lassen sie mindestens 60 Minuten einwirken. Den Fleck anschließend mit der rauen Seite des Spülschwamms bearbeiten.

❋ **Hartnäckige Ränder**

Schmutz- und Kalkränder, die sich auf herkömmliche Art nicht entfernen lassen, reibt man mehrmals mit der weißen Innenhaut von Orangenschalen ab.

❋ **Kalkflecken**

Tropft der Wasserhahn an der Badewanne ständig, bilden sich in der Wanne gelbe, hartnäckige Kalkflecken, die sich nur sehr schwer wieder entfernen lassen. Am besten ist es, die Flecken immer wieder mit Zitronensaft zu beträufeln, bis sie schließlich verschwunden sind.

❋ **Kunststoffbadewannen**

Farbige Badewannen aus Kunststoff reagieren besonders empfindlich auf Scheuermilch und bekommen sehr schnell Kratzer. Schrammen lassen sich vermeiden, wenn man die Kunststoffwanne stattdessen mit einem feuchten Tuch und Bullrichsalz aus der Apotheke reinigt.

❋ **Regelmäßig abbrausen**

Zur regelmäßigen Reinigung der Wanne gehört auch, dass man sie nach Benutzung mit kaltem Wasser ausspült und sorgfältig abtrocknet.

❋ **Wannen aus Emaille**

Bei der Reinigung keine groben Scheuermittel verwenden, da sie das Emaille aufrauen. Dadurch kann sich Schmutz noch leichter absetzen.

FLIESEN & CO.

❋ **Einfaches Reinigen**

Fliesen im Bad werden regelmäßig mit einem seifenhaltigen Allzweckreiniger abgewischt.

Um zu verhindern, dass der Spiegel nach dem Duschen beschlagen ist und jede klare Sicht verhindert, »imprägnieren« Sie ihn mit einem Antibeschlagtuch. Wischen Sie einfach mit dem Tuch über den Spiegel und er bleibt mehrere Tage lang klar. Das Spezialtuch (eigentlich für Autoscheiben gedacht) erhalten Sie in Tankstellen und im Fachhandel.

Wichtig!
Chromoberflächen zerkratzen sehr schnell. Bevor man Armaturenteile oder den Siphon mit einer Zange abschraubt, umwickelt man sie daher mit einem Stück Leder.

Ganz normaler Haushaltsessig und auch Zitronensäure können bei der Kalkentfernung teure Spezialreiniger gut ersetzen. Für welches der beiden Mittel Sie sich entscheiden, ist dabei egal. Wichtig: Essigessenz nie konzentriert anwenden. Verdünnen Sie sie auf jeden Fall stark mit Wasser.

✳ Fettflecken

Fettflecken auf Fliesen lassen sich mit lauwarmer Seifenlösung (Wasser mit einigen Spritzern Geschirrspülmittel) schnell entfernen.

✳ Fugen reinigen

Verschmutzte Fliesenfugen reinigt man mit einer Zahnbürste, die in verdünnten Salmiakgeist getaucht wurde. Ein anderes gutes Hausmittel: Mehrere Päckchen Backpulver mit lauwarmem Wasser zu einem dicken Brei verrühren. Die Paste auf die Fugen auftragen und kurz einwirken lassen. Dann mit Wasser abspülen.

✳ Gelbe Flecken

Gelbe Flecken auf den Fliesen, die zum Beispiel durch stehendes Wasser oder ein undichtes Abflussrohr verursacht werden können, entfernt man mit Zitronensaft. Bei starker Verfärbung über Nacht ein in Zitronensaft getränktes Tuch auflegen. Notfalls mehrmals wiederholen.

✳ Hartnäckiger Schmutz

Hartnäckiger Schmutz und starke Flecken werden mit einer Spezialmischung aus Salmiakgeist, Essig, Waschsoda und warmem Wasser entfernt. Auf zehn Liter Wasser kommt eine Tasse Salmiakgeist und je eine halbe Tasse Essig und Waschsoda. Mit einem Schwamm auftragen. Einwirken lassen und dann mit reichlich klarem Wasser nachwischen. Mit einem Handtuch trockenreiben.

Emailleschäden Kleine Schlagstellen im Emaille werden mit feinem Schleifpapier geglättet, entstaubt, entfettet und dann mit spezieller Emaillepaste (aus dem Baumarkt) ausgebessert.

✳ Kalkflecken vermeiden

Kalkablagerungen an den Fliesen können Sie problemlos vorbeugen. Reiben Sie die Fliesen einfach nach jedem Duschen oder Baden mit einem Handtuch trocken.

✳ Marmorfliesen

Damit Marmorfliesen keine Kalkflecken bekommen, reibt man sie nach dem Reinigen mit Öl ein und poliert sie gut nach.

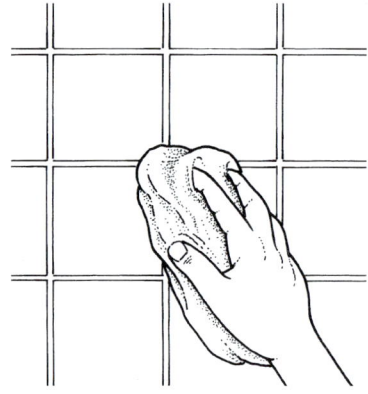

Poliert man nach der Reinigung die Fliesen mit Öl und einem weichen Lappen, kann sich kein Kalk bilden.

✳ Matte Fliesen

Alte, matte Fliesen werden mit Salmiakgeist wieder strahlend blank. Mit klarem Wasser nachwischen.

✳ Polieren

Matte Fliesen werden wieder blitzblank, wenn man zerknülltes Zeitungspapier in Salmiaklösung taucht und sie damit kräftig abreibt.

❋ Rost

Rostflecken im Bad verschwinden mit einer Borax-Essig-Paste. Vermischen Sie Borax und Essig zu einem dicken Brei und tragen Sie diesen auf den Fleck auf. Einwirken lassen und mit viel Wasser abspülen.

❋ Starke Verschmutzung

Hartnäckige Beläge auf Wand- und Bodenfliesen entfernt man mit phosphatfreier Scheuermilch und einem groben Schwamm (bei sehr starken Verunreinigungen benutzt man die raue Seite eines Spülschwamms). Die Fliesen jedoch wirklich nur im Notfall mit Scheuermilch reinigen, da die Oberfläche sonst schnell verkratzt und stumpf und glanzlos wird.

❋ Trockenreiben

Wenn man Fliesen nach dem Duschen sofort trockenreibt, können Kalkflecken erst gar nicht entstehen.

❋ Verschmutzte Wände

Verschmutzte Wandfliesen werden mit Schlämmkreide abgerieben. Dadurch werden auch die Fugen wieder strahlend weiß. Nachpolieren nicht vergessen.

❋ Wasserabweisend behandeln

Eine dünne Schicht Autowachs lässt Wasser von den Fliesen abperlen. Kalkränder und Schmutz können sich dadurch nur langsam bilden.

❋ Wasserflecken

Wasserflecken auf Fliesen verschwinden mit unverdünntem Essig. Mit klarem Wasser nachwischen und mit einem trockenen Tuch abreiben.

SCHIMMELFLECKEN

❋ Duschkabine

Das hilft gegen Schimmelpilze in der Duschkabine: Kaufen Sie in der Apotheke Silika-Gel, füllen Sie es in einem Waschhandschuh oder einen anderen luftdurchlässigen Beutel und hängen Sie diesen in die Dusche. Das Gel absorbiert Feuchtigkeit und verhindert so, dass es zu schimmeln beginnt.

❋ Duschvorhang

Um zu verhindern, dass der nasse Duschvorhang zu schimmeln beginnt, zieht man ihn nach dem Duschen nicht zurück, sondern breitet in großflächig auseinander. Duschvorhänge aus Stoff regelmäßig waschen und je nach Pflegeanweisung auch bügeln. Stockflecken aus Duschvorhängen lassen sich nur schwer entfernen. Man kann sie jedoch leicht bleichen (ein Esslöffel Bleiche auf einen halben Liter Wasser). Danach trockenwischen.

❋ Nasse Wäsche

In fensterlosen Bädern sollte man keine Wäsche zum Trocknen aufhängen, da dadurch die Luftfeuchtigkeit zusätzlich steigt.

Haarbürsten sollten in regelmäßigen Abständen in warmer Lauge aus Shampoo gereinigt werden. Anschließend gründlich ausspülen. Hat die Bürste einen polierten Rücken, reibt man diesen vor dem Bad ganz dünn mit Vaseline ein. So kann die Seifenlauge die Politur nicht angreifen.

> **Wichtig!**
> *Kleine Stockflecken auf dem Duschvorhang beseitigen Sie mit Natron. Hartnäckige, größere Flecken verschwinden im Salzbad (eine Hand voll Salz auf eine gefüllte Badewanne Wasser). Danach den Vorhang gut mit Zitronensaft einreiben.*

Mit Essigwasser lässt sich auch ein verkalkter Toiletenspülkasten wieder auf Vordermann bringen. Man dreht den Wasserzufluss ab, leert den Kasten und reinigt die Innenwände und den Spülmechanismus mit einem in Essig getränkten Lappen.

✳ Schimmelpilze austrocknen

Ist Schimmel bereits ins Mauerwerk eingedrungen, kann man versuchen, ihn durch Austrocknen abzutöten. Mit einem starken Fön langsam viel warme Luft auf die entsprechende Stelle pusten. Vorsicht: Um einen Kurzschluss zu vermeiden, darf der Fön dabei weder überhitzt werden noch nass werden.

✳ Schimmelpilze entfernen

Schimmelpilze an Silikonfugen und Wänden kann man mit fünfprozentigem Essig, mit Sodalösung oder Spiritus entfernen, indem man sie kräftig mit einer der Flüssigkeiten abbürstet. Anschließend die Stelle sehr gründlich trockenreiben.

✳ Schimmelpilzen vorbeugen

Damit Schimmelpilze erst gar nicht entstehen, muss das Badezimmer so oft wie möglich gelüftet werden – vor allem jedoch nach einem heißen Wannenbad oder einer ausgiebigen Dusche. Bade- und Duschwanne sollten nach Gebrauch immer trockengerieben werden, damit die Luftfeuchtigkeit nicht noch höher wird. Wer die Tür zur Duschkabine offen stehen lässt, sorgt ebenfalls für rasches Abtrocknen der nassen Flächen und senkt die Luftfeuchte.

✳ Verschimmelte Fugen

Sind Fugen vom Schimmelpilz befallen, sollten sie vollständig ausgekratzt und erneuert werden.

Rostflecken
Rostflecken auf Metalloberflächen können Sie mit Cola beseitigen. Tauchen Sie etwas Alufolie in die Flüssigkeit und bearbeiten Sie damit den Rostfleck.

TOILETTE

✳ Anti-Kalk-Taktik

Gegen Kalkflecken im WC-Becken oder im Bidet hilft am besten ein ordentlicher Schuss Essig. Am einfachsten geht es, wenn man einige Lagen Küchenkrepp in Essig tränkt und auf die Kalkränder legt. Über Nacht einwirken lassen und am nächsten Tag den gelösten Kalk mit der Toilettenbürste abschrubben. Sind die Kalkränder immer noch zu sehen, wiederholt man die ganze Prozedur so lange, bis sich auch die letzten Reste gelöst haben.

✳ Hartnäckige Kalkrückstände

Kalk- und Harnsteinrückstände in der Toilette sind aus hygienischer Sicht zwar unbedenklich, sehen aber nicht gerade besonders schön aus. Hilft eine »Essigkur« nichts, kann man die Flecken mit einem Bimsstein entfernen. Den Fleck anfeuchten, und vorsichtig mit dem Bimsstein darüberreiben. Zwischendurch den Fleck immer wieder nässen, da man sonst die Oberfläche der Toilette zerkratzt. Und dann könnte sich Kalk noch besser ablagern.

✳ Keime einschränken

Die Unterkante des WC-Beckens wird bei der Reinigung der Toilette immer zuletzt gewischt, damit sich die Keime nicht über das ganze Badezimmer verteilen können. Den Lappen dann waschen.

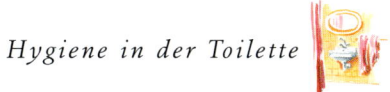

✳ Reinigungsmittel

Bei der Reinigung der WC-Schüssel kommt man im Grunde ohne Spezialmittel aus. Neutraler Allzweckreiniger, heller Haushaltsessig sowie Scheuermilch und eine WC-Bürste für besonders hartnäckige Verschmutzungen reichen für die alltägliche Reinigung völlig aus. Auch für die Reinigung von Brille und Deckel reicht ein sanfter Reiniger. Auf Desinfektionsmittel können Sie getrost verzichten.

✳ Rückstände im Becken

Rückstände im WC-Becken entfernt man mit der Toilettenbürste und etwas erhitztem Essig. Das Becken anschließend mit einem Lappen auswischen. Dabei stets zum Abfluss hin wischen, dann wird der Essig nicht mit Wasser verdünnt.

✳ Wöchentliche Reinigung

Wenn man das WC einmal in der Woche reinigt, setzen sich Kalk und Urinstein nicht so schnell fest.

Wer nicht nach jedem Toilettengang spült, spart zwar Wasser; es bildet sich dadurch aber Urinstein, der sich nur mit scharfen Reinigern wieder entfernen lässt.

Wie schädlich sind herkömmliche Badreiniger?

Putzmittel	Nebenwirkungen	Inhaltsstoffe
Allzweckreiniger	• Überdüngung der Gewässer	• meist Phosphate
Desinfektionsmittel	• greifen die Haut an • schädigen die Gewässer	• Aktivchlor • Aldehyde • Phenole • Alkohole
Rohr- und Abflussreiniger	• gesundheitsgefährdend! • umweltbelastend	• Laugen • Säuren
Sanitärreiniger	• gesundheitsgefährdend! • Bei gleichzeitigem Einsatz von Essig oder sauren Mitteln: Vergiftungsgefahr!	• Laugen • Chlor
WC-Reiniger	• Gefahr von Verätzungen! • schädigen die Gewässer	• Säuren
Wischglanzmittel	• greifen die Haut an • schädigen die Gewässer	• kunststoffreiche Selbstglanz-Emulsionen
herkömmliche Scheuermittel	• greifen die Haut an • schädigen die Gewässer	• Aktivchlorverbindungen
Schmierseife	• nur verdünnt anwenden • kindersicher aufbewahren!	• Restanteile von ätzender Kalilauge

REINIGUNGSMITTEL

Haben Sie nicht auch schon oft staunend vor dem großen Angebot an Haushaltsreinigern gestanden? Die meisten von uns sind bei der Auswahl des richtigen Putzmittel heillos überfordert. Denn wenn man der Werbung Glauben schenkt, braucht man unzählige Spezialmittel, um die eigenen vier Wänden zum Strahlen zu bringen. Dabei genügen bereits wenige einfache Reinigungsmittel für einen perfekt gepflegten Haushalt.

PUTZMITTEL-ABC

❋ Allzweckreiniger

Allzweckreiniger sind eine wichtige und unentbehrliche Putzhilfe. In der Regel sind sie so zusammengesetzt, dass sie als umweltfreundlich gelten. Beim Kauf sollten Sie aber darauf achten, dass der Reiniger keine Konservierungsstoffe enthält und gut abbaubar ist.

Übergelaufenes im Backofen sofort mit Salz bestreuen und nach dem Abkühlen mit einem feuchten Schwamm wegwischen.

Scharfe Reiniger
Alte Hausmittel wie Essigessenz, Schmierseife und Scheuersand ersetzen beim Hausputz scharfe, ätzende Reiniger auf umweltfreundliche und volkommen ungefährliche Art.

❋ Backofenspray

Mit Backofenspray können eingebrannte, hartnäckige Bratenspuren entfernt werden. Die meisten dieser Sprays enthalten jedoch recht »harte« Laugen, die bei allzu sorgloser Verwendung zu Verätzungen führen können. Für Haut und Umwelt ist es besser, die Kochspuren im Ofen mit Seifenlösung zu beseitigen. Und so geht das recht einfach: Die Verkrustung mit etwas Seifenlösung anfeuchten; einwirken lassen. Während des Einwirkens den Backofen auf 50 °C anwärmen. Dann die Verschmutzungen mit einem weichen Schwamm entfernen. Mit klarem Wasser nachwischen.

❋ Desinfektionsmittel

Es gibt schon mal Situationen, in denen der Gebrauch eines Desinfektionsmittels nötig ist, etwa wenn ein Familienmitglied an einer ansteckenden Krankheit wie Fußpilz leidet. In einem »normalen« Haushalt sind Desinfektionsmittel jedoch unnötig.

✳ Essigreiniger

Immer mehr Hausfrauen greifen zu Essigreinigern, nicht zuletzt deshalb, weil die Werbung ihnen den Eindruck vermittelt, diese Mittel seien besonders umweltfreundlich. Ob Essigreiniger die Umwelt jedoch belasten oder nicht, hängt davon ab, was sonst noch für Stoffe in dem Reiniger versteckt sind. Eines sollten Sie auf jeden Fall wissen: Die handelsüblichen Essigreiniger können auch so manches gute Stück im Bad angreifen, zum Beispiel die wertvollen Messingarmaturen und die schönen italienischen Marmorfliesen. Wer solche Schätze sein eigen nennt, sollte sie auf schonende Art reinigen, beispielsweise mit verdünntem Haushaltsreiniger.

✳ Fleckenmittel

Gegen fast jeden Fleck gibt es ein sanftes, gesundheitsschonendes und umweltfreundliches Mittel. Deshalb ist es eigentlich nicht nötig, auf Fleckenwasser zurückzugreifen, die meist der Umwelt und oft auch der eigenen Gesundheit schaden.

✳ Herdreiniger

Wo regelmäßig ein- oder sogar zweimal am Tag gekocht wird, bekommt auch der Herd ein paar Spritzer ab. Doch einen Spezialreiniger benötigen weder Herdplatten noch Ceranfelder. Selbst hartnäckige Verschmutzungen lassen sich mit Wasser und einigen Spritzern Spülmittel entfernen. Wenn normales Wischen mit dem Spülwasser harte Krusten nicht vertreibt, dann weichen Sie die Stellen einfach mit einem nassen Spüllappen ein. Nach kurzer Zeit lassen sie sich dann ganz leicht entfernen.

✳ Rohrreiniger

Wenn sich Fett und Schmutz im Abflussrohr festgesetzt haben, soll ein Rohrreiniger für reibungslosen Abfluss sorgen. Die Reiniger enthalten ätzende Laugen, die die Hindernisse in den Rohren auflösen sollen. Diese chemischen Keulen können aber nicht nur die Umwelt belasten, die ätzende Lauge greift auch die Abflussrohre an. Außerdem können schon kleine Spritzer zu schmerzhaften Verätzungen führen.

Kein Mensch verträgt keimfreie Reinheit. Unser Organismus braucht die Auseinandersetzung mit Keimen, damit unser Abwehrsystem geschult wird und fit bleibt. Desinfektionsmittel töten jedoch alle Keime ab, ohne zwischen gefährlichen und ungefährlichen zu unterscheiden. Aus diesem Grund sollte man am besten ganz auf sie verzichten.

Umweltverträgliche Putzmittel	Bedenkliche Putzmittel
Allzweckreiniger	Backofenreiniger
Essig, Essigreiniger	Desinfektionsmittel
Fensterreiniger	Fleckenmittel
Geschirrspülmittel	Herdreiniger
Scheuermittel	Rohrreiniger
Spiritus	Sanitärreiniger
Zitronensäure, Zitronenreiniger	Teppichreiniger

W i c h t i g !

Vorsicht bei Schmierseife: Sie ist für manche Oberflächen zu aggressiv, etwa für Linoleum, PVC- und Gummiböden, Verzinktes oder Lackiertes.

Um einen sauber geputzten Haushalt zu haben, reichen schon diese wenigen Mittel aus: Geschirrspülmittel, Allzweckreiniger oder Seifenreiniger; Scheuermittel; Spiritus; Essigessenz oder Zitronensäure. Die Mittel reinigen Böden, Fliesen und alle wischbaren Oberflächen in Wohnräumen, Küche, Bad und WC problemlos und schonend.

Um Verstopfungen effektiv vorzubeugen, legen Sie ein kleines Sieb in den Abfluss, das verhindert, dass Haare, Seifenreste und andere Gegenstände in den Abfluss gespült werden. Wenn der Abfluss trotz aller Vorsicht doch einmal verstopft ist, verzichten Sie auf chemische Mittel und greifen Sie zur guten alten Saugglocke.

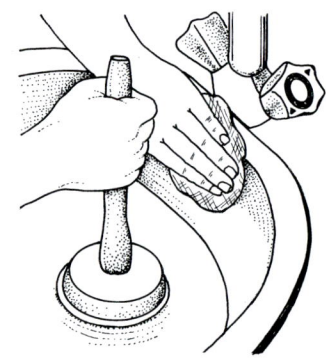

Wer ein verstopftes Rohr mit der Saugglocke reinigt, spart nicht nur Geld, sondern schont auch die Umwelt.

✳ Sanitärreiniger

Wenn Sie Allzweckreiniger, Scheuermittel und Geschirrspülmittel im Putzschrank haben, benötigen Sie eigentlich keinen Sanitärreiniger mehr. Denn auch ohne diesen Spezialreiniger wird in Bad und WC alles strahlend sauber und porentief rein. Wenn Sie trotzdem nicht auf einen Sanitärreiniger verzichten möchten, sollten Sie ein Produkt wählen, das mit Sauerstoffbleiche arbeitet.

✳ Scheuermittel

Scheuermittel sind in der Regel so zusammengesetzt, dass sie umweltfreundlich sind. Scheuermilch ist Scheuerpulver stets vorzuziehen, weil es die Oberfläche weniger stark verkratzt. Dennoch ist vor allem bei Oberflächen aus Kunststoff, Lack oder Chrom Vorsicht geboten. Werden sie zu fest geschrubbt, verkratzen sie leicht und verlieren ihren eigentlichen Glanz.

✳ Silberputzmittel

Silber muss regelmäßig geputzt werden, damit es nicht fleckig wird und anläuft. Handelsübliche Silberputzmittel gelten jedoch nicht gerade als umweltfreundlich. Besser auf altbewährte Hausmittel zurückgreifen.

✳ Teppichreiniger

Für die große Reinigung ist ein Teppichreiniger unverzichtbar (während der Arbeit unbedingt die Fenster öffnen). Ist der Boden nach der feuchten Reinigung wieder trocken, saugen Sie ihn mehrmals hintereinander gründlich ab. Einmal auf diese Weise gereinigte Teppichböden haben jedoch den Nachteil, dass sie viel schneller wieder schmutzig werden als vor der Intensivbehandlung. Versuchen Sie deshalb, die Prozedur so lange wie nur irgend möglich hinauszuzögern. Damit der Teppich lange schön bleibt, sollten Sie jeden Fleck sofort entfernen – und sei er noch so klein.

Wichtig!
Schrubben Sie empfindliche Oberflächen nie mit Bürsten oder Topfkratzern. Das einzig erlaubte Hilfsmittel ist die kratzige Seite eines normalen Spülschwamms.

Putzen gefährdet Ihre Gesundheit

Jährlich verunglücken etwa 500000 Menschen beim Hausputz. Meist geht es glimpflich ab, doch es gibt leider auch immer wieder Unfälle, bei denen sich Menschen schwer verletzen. Damit Ihre Gesundheit nicht gefährdet wird, hier einige wichtige Tipps:

- Hochhackige Schuhe eignen sich nicht für den Hausputz, vor allem nicht, wenn Sie auf eine Leiter klettern müssen.

- Auch wenn es lästig ist: Verwenden Sie zum Klettern nur eine Leiter. Aufeinandergetürmte Stühle, Bücher und ähnliche Kletterhilfen sind tabu.

- Damit Sie nicht hängenbleiben: Keine Oberteile mit weiten Ärmeln tragen und darauf achten, dass sich die Schürzenbänder nicht lösen. Am besten Sie verzichten auf eine Schürze und tragen ein altes T-Shirt und eine alte Hose.

- Bleiben Sie beim Fensterputzen auf dem Boden. Wenn das nicht möglich ist, sollten die Fenster nur von innen gereinigt werden. Niemals in luftiger Höhe auf die Außenseite des Fensterbrettes treten.

- Stellen Sie Besen, Eimer und Schrubber beim Putzen immer an die Wand. So lassen sich Stolperfallen vermeiden.

- Reinigungsmittel gehören immer außer Reichweite von Kindern – vor allem während des Putzens. Schließlich kann niemand putzen, gleichzeitig auch die Reinigungsmittel im Auge behalten und noch auf die Kinder aufpassen. Putzmittel deshalb immer sofort wieder wegsperren. Lieber dreimal den Putzschrank aufschließen, als eine Vergiftung des Kindes zu riskieren.

Wie bei so vielen Dingen, kommt es auch beim Putzen auf die richtige Dosierung an: Viel hilft nicht gleich viel. Schütten Sie die Putzmittel zu großzügig ins Wischwasser, strapaziert das nur Ihren Geldbeutel und die Umwelt. Das Putzen selbst geht dadurch weder schneller noch gründlicher von der Hand.

✳ WC-Reiniger

Wer sein WC regelmäßig putzt, benötigt eigentlich keinen speziellen WC-Reiniger. Denn bei wiederholter und gründlicher Reinigung mit einem Scheuermittel können sich weder Kalkablagerungen noch Urinstein festsetzen. Sie wollen den WC-Reiniger dennoch nicht aussortieren? In diesem Fall sollten Sie wenigstens versuchen, ihn nur ganz sparsam zu verwenden. Lieber weniger stark dosieren, dafür aber länger einwirken lassen.

SEIFE & CO. SELBST GEMACHT

✳ Eichenmöbel-Politur

Glanzlose Eichenmöbel werden mit selbst angerührter Möbelpolitur wieder wunderschön. Ein Hühnerei, ein großes Stück Bienenwachs und einen Esslöffel ganz feinen Zucker in einem Viertelliter Wasser aufkochen. Die Mischung gut auskühlen lassen und mit einem Pinsel auftragen. Nach dem Antrocknen mit einem weichen Tuch polieren.

*Seifen und Säuren
Seifen- und säurehaltige Reiniger niemals mischen, es entsteht sonst eine schmierige Schicht. Die Reiniger immer nacheinander anwenden und die Oberfläche zwischendurch mit klarem Wasser nachwischen.*

✳ Fleckenwasser

Wenn Sie Fleckenwasser für Notfälle und für Unterwegs benötigen, können Sie es sich ohne Probleme selbst herstellen. Vermischen Sie dazu gut zwei Tassen Wasser und eine Tasse Spiritus und füllen Sie das Fleckenwasser in eine saubere Glasflasche mit Schraubverschluss. Beschriften Sie die Flasche und bewahren Sie sie an einem dunklen Ort auf – vor allem aber außerhalb der Reichweite von Kindern.

✳ Gardinenwaschmittel

Für einen sehr wirkungsvollen Gardinenreiniger lösen Sie ein Pfund Soda in zehn Liter Wasser auf und gießen das Sodawasser über die Gardinen. Lassen Sie die Gardinen mehrere Stunden einweichen und spülen Sie sie dann mit viel klarem Wasser gründlich aus. Für große Gardinen die »Zutaten« entsprechend erhöhen.

✳ Kalkentferner

Diesen Kalkentferner können Sie ganz preiswert selbst herstellen. Geben Sie je eine Tasse Essigessenz, Geschirrspülmittel und Wasser in einen Pumpzerstäuber (oder in eine Blumenspritze). Lassen Sie die Mischung drei bis vier Tage stehen, damit sich die einzelnen Flüssigkeiten verbinden können. Dann können Sie den Reiniger wie gewohnt verwenden. Ist Ihnen der Geruch zu aufdringlich, geben Sie noch etwas Zitronensaft hinzu.

✳ Möbelöl

Aus je 300 Milliliter Essig, Terpentin und Leinöl lässt sich ein hervorragendes Möbelöl für mattiertes und poliertes Holz mischen. Alle Bestandteile in eine Flasche mit Schraubverschluss füllen und diese gut durchschütteln. Das Öl regelmäßig nach der Reinigung mit einem weichen Tuch auf das Holz auftragen. Danach gut trockenwischen und mit einem sauberen, weichen Tuch nachpolieren.

✳ Möbelpolitur

Wenn Sie Ihre Möbelpolitur selbst herstellen möchten, ist dieses Rezept zu empfehlen, das äußerst preiswert und umweltfreundlich ist. Vermischen Sie je ein kleines Glas Salatöl und preiswerten Rotwein. Füllen Sie die Politur in eine gut verschließbare Flasche und bewahren Sie sie dunkel auf.

✳ Wachs

Unbehandeltes Holz lässt sich mit dieser einfachen Wachsmischung vor Feuchtigkeit und Flecken besser schützen. Man bringt 300 Milliliter reines Bienenwachs im Wasserbad zum Schmelzen und vermischt es anschließend mit der gleichen Menge Terpentinöl. Erhärten lassen und mit einem weichen Lappen möglichst sparsam auf der zuvor entstaubten Holzoberfläche verteilen. Zum Schluss mit einem frischen Lappen nachwischen.

Wichtig!

Wer mit Essigessenz putzt, muss das Mischungsverhältnis auf der Flasche einhalten. Sonst zerstört die scharfe Säure sehr schnell empfindliche Oberflächen.

Feine Schmierseife

1 kg Talg
200 g Natron
2 l Wasser

Geben Sie alle Zutaten in einen alten Topf und erwärmen Sie sie unter kräftigem Rühren, bis sich alles gut verbunden hat. Zum Schluss die Seife in Form pressen.

Gallseife

6 EL Ochsengalle
10 EL Kaliseife
1 EL Wollfett
33 EL medizinische Seife

Erwärmen Sie alle Zutaten unter Rühren im warmen Wasserbad, bis sie sich gut miteinander vermischt haben. Pressen Sie dann aus der Mischung daraus ein Stück Seife.

Lederfett

10 EL Schafsfett
10 EL Leinöl
1 EL Terpentin

Schmelzen Sie das Schafsfett in einem alten Topf. Geben Sie Leinöl und Terpentin hinzu. Alles kräftig umrühren und abkühlen lassen.

Gallseife II

1 kg Kernseife
340 g Ochsengalle
5 g Honig
10 g Zucker
5 g Terpentinöl
12 g Salmiakgeist

Lösen Sie die Kernseife unter kräftigem Rühren in etwas warmem Wasser auf. Die Ochsengalle zugeben und die Mischung weiter erhitzen. Die Mixtur ist »gar«, wenn ein Tropfen davon auf einem kalten Teller sofort erstarrt (der Test gleicht der Gelierprobe beim Kochen von Marmelade). Honig, Zucker, Terpentinöl und Salmiakgeist zufügen. Alles gut miteinander vermischen, abkühlen lassen und ein großes Stück Seife formen.

Schmierseife

1 kg klein geschnittene Seife
500 g Soda
7 1/2 l Wasser

Geben Sie unter ständigem Rühren Seife und Soda in das Wasser und lassen Sie alles kurz kochen. Rühren nicht vergessen. Die Seife dann in die gewünschte Form pressen.

Essigreiniger können Marmor, Messingarmaturen oder die Aluminiumschienen der Duschkabine angreifen. Schonender rücken Sie dem Kalk dort mit Allzweckreiniger oder Scheuermilch auf den Leib.

Nachtrocknen
Wer glatte Oberflächen nach der feuchten Reinigung mit einem weichen, sauberen Tuch trockenreibt, verhindert, dass später Wasserflecken und -ränder zu sehen sind.

✳Wäschestärke

Wer auf Chemie verzichten will, stärkt seine Wäsche mit Reiswasser. Reis kochen, abgießen; dabei das stärkehaltige Wasser auffangen. Die Wäsche vor und während des Bügelns damit besprühen.

✳Weichspüler

Wer empfindliche Haut hat oder besonders umweltfreundlich waschen möchte, kann bei der Wollwäsche statt Weichspüler Essig verwenden. Geben Sie einfach einen Schuss Essig ins letzte Spülwasser.

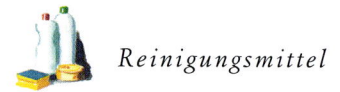
Vergiftung –
Schnelle Hilfe im Notfall

Wenn trotz aller Vorsicht Reinigungsmittel in Kinderhände gelangt sind, muss sofort gehandelt werden. In folgenden Krankenanstalten und Kliniken bestehen offizielle Informationszentren für Vergiftungsfälle. Diese Zentren geben Tag und Nacht telefonische Auskunft. Sie besitzen eine umfassende Informationskartei aller toxischen Stoffe, die in Haushalts-, Pflanzenschutz- und Schädlingsbekämpfungsmitteln enthalten sind.

Zentren mit 24-Stunden-Dienst

04107 Leipzig
Toxikologischer Auskunftsdienst/Arzneimitteltherapeutischer Beratungsdienst
Institut für Klinische Pharmakologie der Universität Leipzig
⊠ Härtelstraße 16-18
Tel.: (0341) 9724666; Fax: (0341) 9724659

14059 Berlin
Beratungsstelle für Vergiftungserscheinungen und Embryonaltoxikologie
⊠ Pulsstr. 3 – 7
Tel.: (030) 19240
Fax: (030) 32680-721

13353 Berlin
Virchow-Klinikum Medizinische Fakultät der Humboldt-Universität zu Berlin
Giftinformationszentrum Abt. Innere Medizin mit Schwerpunkt Nephrologie und Intensivmedizin
⊠ Augustenburger Platz 1
Tel.: (030) 450-53555 und -53565
Fax: (030) 450-53915

28205 Bremen
Kliniken der Freien Hansestadt Bremen
Zentralkrankenhaus
Klinikum für Innere Medizin
Med. Intensivstation
Giftbehandlungszentrum
⊠ Sankt-Jürgen-Straße
Giftnotruf 0551-19240

28205 Bremen
Prof.-Hess-Kinderklinik
Zentralkrankenhaus
⊠ Sankt-Jürgen-Straße
Tel.: (0421) 4975410; Fax: (0421) 4973345

37075 Göttingen
Giftinformationszentrum Nord der Länder Bremen, Hamburg, Niedersachsen und Schleswig-Holstein
Zentrum Pharmakologie und Toxikologie
⊠ Robert-Koch-Straße 40
Tel.: (0551) 383180; 19240
Fax: (0551) 3831881
Email:
giznord@med.uni-goettingen.de
Internet:
www-giznord.pharpt1.med.uni-goettingen.de

48149 Münster
Beratungsstelle für Vergiftungserscheinungen
Medizinische Klinik und Poliklinik, Abt. B
⊠ Albert-Schweitzer-Straße 33
Tel.: → Informationszentrale gegen Vergiftungen, Bonn (0228) 2873211

53113 Bonn
Informationszentrale gegen Vergiftungen
Zentrum für Kinderheilkunde der Rheinischen Friedrich-Wilhelms-Universität Bonn
⊠ Adenauerallee 119
Tel.: (0228) 287-3211; 287-3333
Fax: (0228) 287-3314

55131 Mainz
Klinische Toxikologie – Giftinformation
II. Medizinische Klinik und Poliklinik
Johannes-Gutenberg-Universität
✉ Langenbeckstraße 1
Tel.: (06131) 19240 (Notruf)
Tel.: (06131) 232466 (Infoline);
Fax: (06131) 232469; 176605

66119 Saarbrücken
Behandlung von Vergiftungs-Notfällen
Kliniken der Stadt Saarbrücken Winterberg
✉ Theodor-Heuss-Straße
Akademisches Krankenhaus
Klinik für Anästhesiologie und operative
Intensivmedizin
Tel.: (0681) 963-0, Zentrale
        (Tag- und Nachtdienst)
        (0681) 963-2643; 963-2544
Fax: (0681) 963-2476 (24 Stunden besetzt)

66421 Homburg/Saar
Informations- und Behandlungszentrum für
Vergiftungen. Universitätsklinik für Kinder-
und Jugendmedizin
Gebäude 9
Tel.: (06841) 19240; Fax: (06841) 168314

79106 Freiburg
Informationszentrale für Vergiftungen
Universitäts-Kinderklinik
✉ Mathildenstraße 1
Tel.: (0761) 2704300/01, Zentrale
        (0761) 2704361; 19240
Fax: (0761) 2704457

81675 München
Giftnotruf München
Toxikologische Abteilung der II. Med. Klinik
rechts der Isar der Technischen Universität
✉ Ismaninger Straße 22
Tel.: (089) 19240; Fax: (089) 4140-2467

90419 Nürnberg
2. Medizinische Klinik
Toxikologische Intensivstation
Klinikum Nürnberg
✉ Flurstraße 17
Tel.: (0911) 3982451; 3982665
Fax: (0911) 3982205

99089 Erfurt
Gemeinsames Giftinformationszentrum der
Länder Mecklenburg-Vorpommern, Sachsen,
Sachsen-Anhalt und Thüringen
c/o Klinikum Erfurt
✉ Nordhäuser Straße 74
Tel.: (0361) 73073-0
Fax: (0361) 73073-17

Zentrum ohne 24-Stunden-Dienst

35033 Marburg
Institut für Pharmakologie und Toxikologie
Abteilung Toxikologie
✉ Karl-von-Frisch-Straße 1
Tel.: (06421) 28-2262
Fax: (06421) 28-2291

Mobile Gegengift-Depots

46047 Oberhausen
Stadt Oberhausen
Bereich Feuerwehr
✉ Brücktorstr. 30
Tel.: (0208) 8585-1 oder Notruf: 112

81675 München
Giftnotruf München
Toxikologische Abteilung der
II. Medizinischen Klinik der TU München
Tel.: (089) 41402211
oder über die Berufsfeuerwehr München: 112

REGISTER

124

Haftung

Autorin und Verlag bemühen sich um zuverlässige Informationen. Fehler und Unstimmigkeiten sind jedoch nicht auszuschließen. Eine Garantie für die Richtigkeit der Angaben kann deshalb nicht gegeben werden. Eine Haftung für Schäden und Unfälle wird aus keinem Rechtsgrund übernommen.

Impressum
© 1999 W. Ludwig Buchverlag
in der Econ Ullstein List Verlag
GmbH & Co. KG, München
Genehmigte Lizenzausgabe für
Nebel Verlag GmbH, Utting
Alle Rechte vorbehalten
Nachdruck – auch auszugsweise –
nur mit Genehmigung des Verlages.

1 2 3 4 5   6 5 4 3 2

Redaktion:
Sylvie Hinderberger
Projektleitung:
Sylvia Wohofsky
Redaktionsleitung:
Nina Andres
DTP:
Alexander Herzog
Umschlag und Layout:
Manuela Hutschenreiter
Illustrationen:
Marlene Gemke
Roger Kausch
Produktion: Manfred Metzger